DIE SCHÖNSTEN *BURGEN UND SCHLÖSSER* AM BODENSEE

MICHAEL WEITHMANN

DIE SCHÖNSTEN *BURGEN UND SCHLÖSSER* AM BODENSEE

Faszinierende Zeugen der Vergangenheit

SILBERBURG

INHALT

Wuchtig und altehrwürdig: das Alte Schloss zu Meersburg.

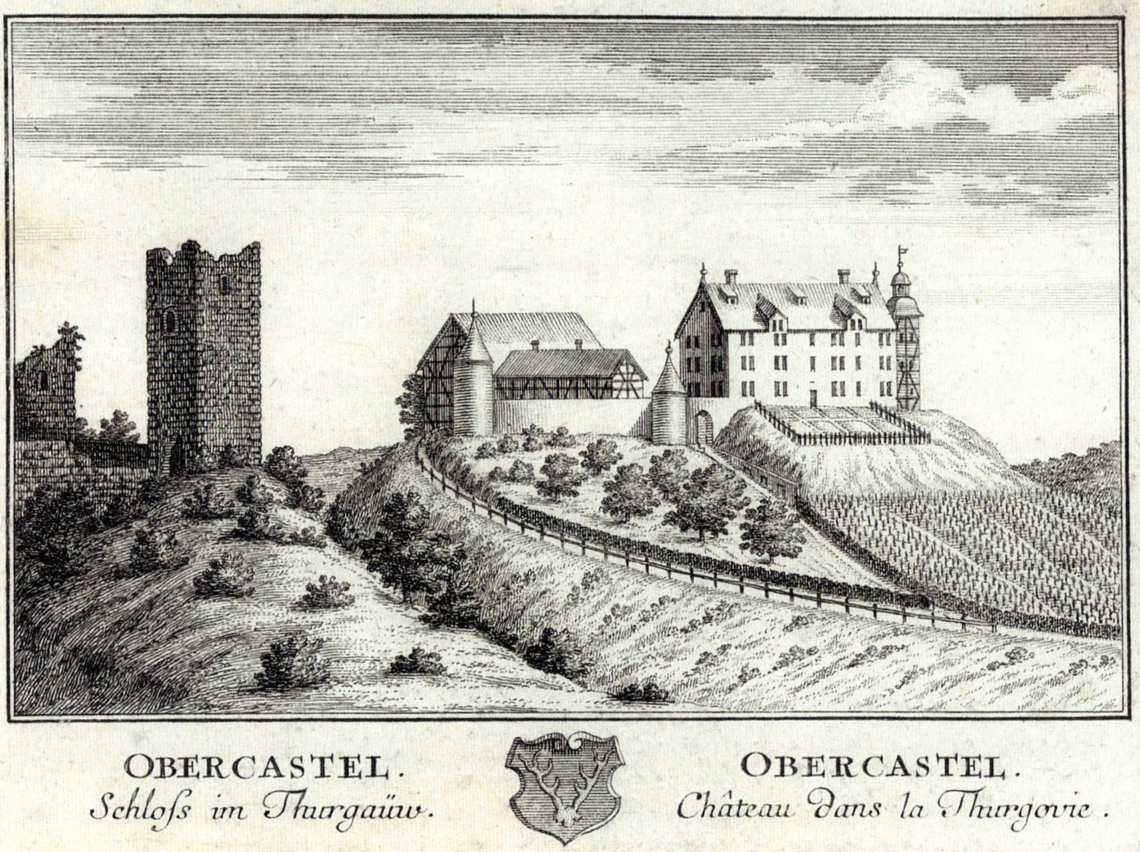

Burgruine und Schloss Castell im Thurgau. Radierung von David Herrliberger, 1754.

Die Bodmaner Burgen in der Sicht der Romantik. Stich eines britischen Travellers, 1850.

Vorwort

Das Bodenseegebiet ist einer der zentralen Kulturräume Europas. Im Mittelalter und in der Frühen Neuzeit bildete die Region um den See einen der wirtschaftlichen und politischen Brennpunkte des alten Deutschen Reiches. Die Kaisergeschlechter der Staufer, Habsburger und Hohenzollern nahmen hier ihren Anfang. Berühmte Klöster entstanden wie Reichenau, St. Gallen und Salem, und als weltliche Herrschaftszentren folgten Burgen und Edelsitze. Die Vielzahl der Obrigkeiten ließ die Bodenseeregion buchstäblich zu einem »Treibhaus für Burgen« werden. Und das Reizvolle ist, dass noch viele dieser Bauwerke erhalten sind und besucht werden können! Manche repräsentieren sich im vollen Glanz ihrer Bedeutung, offerieren uns Museen, Events und Ausstellungen, doch etliche sind verfallen. Und gerade sie rühren unser Gemüt als abgeschiedene und melancholische Ruinen. Auch unsentimentale, postmoderne Gemüter können sich angesichts der von der Natur überwucherten Trümmer nicht dem Gedanken an die Vergänglichkeit allen Seins entziehen.

Die Burgen und Schlösser rund um den Bodensee können nicht isoliert betrachtet werden. Das wäre eine unhistorische Darstellungsweise, die der reichen Kulturgeschichte dieses Raumes nicht gerecht würde. Man muss ihre Bau- und Herrschaftsgeschichte einbetten in die großen historischen Zusammenhänge und Entwicklungslinien, die unseren Raum durchziehen. Diese sind nicht gerade einfach, sondern höchst kompliziert. Das hängt damit zusammen, dass die Bodenseeregion bei aller kulturellen Einheit in politischer und administrativer Hinsicht immer geteilt, ja geradezu zerteilt war. Noch heute im 21. Jahrhundert teilen sich drei Staaten – Deutschland, Österreich und die Schweiz – das Gebiet auf. Gehen wir 250 Jahre zurück, so blicken wir auf einen geradezu verwirrenden Flickenteppich größerer, kleiner und winziger Herrschaftsbereiche, insgesamt über hundert an der Zahl. Und der Eindruck des Durcheinanders verstärkt sich noch, wenn wir erfahren, dass dieses »gefleckte Tigerfell« noch in sich in geistliche, weltliche, adlige, städtische und bürgerliche Territorien zersplittert ist. Immerhin, gerade diese Tatsache hat die Fülle von Herrensitzen – Burgen und Schlössern – am Bodensee hervorgebracht. Und die Geschichte kann hier gar nicht linear oder simpel verlaufen sein, zum Verständnis der Burgen ist sie jedoch unabdingbar. Deshalb zuerst ein Ritt durch die Jahrhunderte, entlang der großen geschichtlichen Entwicklungslinien.

Politisch geriet die alemannisch besiedelte Bodenseeregion im 8. Jahrhundert unter die Herrschaft der Franken, die dort verschiedene Gaugrafschaften einrichteten. Daran erinnern heute noch die Regionalbegriffe Thurgau, Hegau, Linzgau, Argengau, Rheingau und Allgäu. Der zentrale Ort am Obersee war Bregenz. Ein fränkisch-karolingischer Herrschaftsmittelpunkt war die Kaiserpfalz in Bodman. Pfalzen waren die Sitze der mittelalterlichen deutschen Könige und Kaiser. Seit dem 10. Jahrhundert trat das Bistum Konstanz als politische und kulturelle Vormacht am Bodensee hervor. Seine Schreiber führten den spätantiken Namen *Lacus Constantiensis* (Konstanzer See) für den See wieder ein. Ohne Übertreibung dürfen wir für das Mittelalter den Bodenseeraum als eines der kulturellen

Burg Gießen im Argental.

Kernländer Europas und als Drehscheibe zwischen Norden und Süden bezeichnen. Unter den Ottonen und Staufern durchzogen Kaiser und Könige, Ritterheere, aber auch Fernhandelszüge das Gebiet. Reformklöster und neue Orden zeigten sich der weltlichen Macht gegenüber selbstbewusst.

Der Streit um die »Investitur«, die Einsetzung der Geistlichen, kündigte Auseinandersetzungen an. Mit Meersburg stand dem Bistum Konstanz ein wahrhaft hervorragender Stützpunkt am Nordufer des Sees zur Seite. Die Burg, die hier vielleicht schon im 11. Jahrhundert errichtet wurde, diente ihm als Schutzbau, der leicht über den See erreichbar war. Und Schutz und Trutz wurden zunehmend notwendig, denn der Investiturstreit wurde auch militärisch geführt: Jede Partei war bestrebt, ihre Gefolgschaft zu erweitern und Bewaffnete zu rekrutieren. Und das war die Stunde der Ritter. Gegen Ende des 11. Jahrhunderts tauchte dieser neue Stand auf, der dann das Mittelalter mit seiner Lebensart und nicht zuletzt mit seinen »Ritterburgen« prägte. Im 12. und 13. Jahrhundert entstand eine relativ breite kleinadelige Mittelschicht von Rittern, die zwischen der Masse der unfreien Bauern und dem Hochadel stand. Der Ritteradel übernahm dabei die Verwaltungsfunktion über einen bestimmten Herrschaftsbezirk. Zu seiner standesgemäßen Ausstattung gehörte deshalb auch eine *Burg* als repräsentativer adliger Familiensitz und als herrschaftlicher Mittelpunkt. Je erschlossener, ertragreicher und kultivierter eine Region war, desto kleinteiliger und differenzierter war auch ihre administrative Struktur. Das mag die relativ hohe Dichte von Burgen in unserem Gebiet erklären. Die ganz überwiegende Zahl der Burgen und späteren Schlösser am Bodensee ist in der staufischen Periode, im Zeitraum von 1125 bis etwa 1250, gegründet worden.

Die Ritter, obgleich Vasallen, wurden zunehmend als freie Adelige angesehen. Für die nächsten drei Jahrhunderte blieb das Rittertum die bestimmende soziale Kraft. Es verbreitete seine gesellschaftlichen und künstlerischen Ideale. »Ritterlichkeit« und »Höflichkeit« sind Begriffe, die uns heute noch an dieses Ethos erinnern. Die Frauenverehrung führte zu einer höfischen Liebeslyrik, dem Minnesang. Höfische Epen wie das Nibelungenlied betonten die Werte der Gefolgschaftstreue und des Kriegsdienstes, aber auch den Schutz der Schwachen und die christlichen Tugenden. Die Bodenseeregion scheint den Minnesang besonders angeregt zu haben: Von hier stammen die Minnesänger Rudolf von Ems, Burkart von Hohenfels, Hugo von Montfort-Bregenz, Heinrich von Dettingen und Walter von Klingen.

Die neue Kraft seit dem 15. Jahrhundert war das Bürgertum in den Städten. Hier sammelte sich der Reichtum aus Gewerbe sowie Handwerk und vor allem aus dem überregionalen Handel. Bisweilen gingen die Städte gegen Adlige vor, die von Kaufmannszügen Zoll oder Maut verlangten. Für die Städter waren sie »Raubritter« oder »Strauchritter«, weil sie die mit Waren beladenen Fuhrwerke im Gebüsch abpassten, was die Herren ihrerseits für das »gute alte Recht« gegenüber den »Pfeffersäcken« hielten. Meist ging das schlecht für die Junker aus, und manche Burg sank in Schutt und Asche, wie die Ruggburg auf der Pfänderterrasse anno 1452. Im Hegau tobte von 1439 bis 1445 ein regelrechter Raubritterkrieg. Selbst auf dem See wurde gekämpft. Unter der Führung Überlingens ging der Schwäbische Städtebund daran, den zu Raubnestern gewandelten Hegauburgen den Garaus zu machen. Dann kamen die Appenzeller als Burgenbrecher. Zunächst noch unbeobachtet hatte sich nämlich in Appenzell eine brandgefährliche Gewitterlage zusammengebraut. Die Einwohner rebellierten und fanden Rückhalt in der kampferprobten Schweizer Eidgenossenschaft. 1403 schlugen die Appenzeller die St. Galler Söldner und ihre adeligen Verbündeten vernichtend. Daraufhin rüsteten die Habsburger Kaiser zum Krieg gegen das renitente Bergvolk, aber handelten sich 1405 eine empfindliche Niederlage ein. Die kernigen Appenzeller waren gut gerüstet und eroberten Burg um Burg. Eine Bestimmung des Konstanzer Friedens von 1408 lautete sodann, dass keine der zerstörten Burgen wieder aufgebaut werden durfte.

Im Jahr 1499 kam es erneut zu einer kriegerischen Auseinandersetzung mit den Eidgenossen. Am Untersee stürmten die Schweizer eine Burg nach der anderen. In dem kurzen, aber heftigen Schwabenkrieg – oder Schweizerkrieg – blieben die Eidgenossen Sieger. Im Dezember 1524 rotteten sich die Bauern im Hegau und in Oberschwaben zusammen. Der Hegauer Adel flüchtete zum festen Sitz der Ritterschaft Sankt Georgenschild in Radolfzell. Dann versammelten sich die Bauern des Linzgaus und bildeten 1525 zusammen mit anderen »Rottierungen« den »Seehaufen«. Eine Reihe von Burgen öffneten nach Drohungen der Bauernhaufen ihre Tore. Zu umfassenden militärischen Operationen kam es nicht, weshalb sich die Zerstörungen in Grenzen hielten. Im Frühjahr 1525 zog Truchsess Georg von Waldburg die Truppen des Schwäbischen Bundes zusammen und erschien hochgerüstet am See. Keine Seite wagte jedoch den offenen Angriff. Nach einer Weile des »Stehens« unterschrieb man den Weingartner Vertrag. Dann löste sich der Seehaufen auf. So ging der Bauernkrieg am See relativ glimpflich zu Ende.

◀ Herrensitz und Untertanen in der Lirer-Chronik von 1486. ▶ Kopf eines Ritters. Skulptur im Landesmuseum Bregenz. ▼ Sport im Mittelalter: ritterliches Turnier, um 1440.

Wann wurden Burgen durch *Schlösser* abgelöst? Eine schwierige Frage. In der Spätgotik – also im 15. und der ersten Hälfte des 16. Jahrhunderts – erfuhren die meisten Burgen einen profunden Um- und Ausbau. Durch Ummauerung mit Zwingeranlagen und Geschütztürmen blieb ihre Verteidigungsfunktion zwar präsent, doch im Inneren wurden die Bauten wohnlich und kunstvoll ausgestattet und ihrer amtlichen Verwaltungsaufgabe angepasst. Im Zeitalter der Renaissance (1550 bis 1620) trat die adelige Repräsentation ganz in den Vordergrund, das Vorbild war die prunkvolle italienische Palazzo-Architektur. Als sich die Glaubenskämpfe verschärften, entstand mit der Festung ein neuer Bautypus. Im Dreißigjährigen Krieg war Oberschwaben einer der Hauptkriegsschauplätze mit fatalen Folgen für Burgen und Schlösser, die von allen Seiten ausgeplündert und zerstört wurden. Das lichte Barockzeitalter brachte dann aber noch repräsentative Schlossbauten und Residenzen hervor, wie Mainau und das Neue Schloss Meersburg.

Im 19. Jahrhundert beobachten wir ein eigenartiges Phänomen: Einerseits setzt am See die moderne Industrialisierung ein, doch andererseits wächst mit der geistigen Strömung der Romantik die sentimentale Sehnsucht nach der »guten alten Zeit«. Auch das Mittelalter und die Ritterzeit wurden idyllisch verklärt. Im Baustil schlug sich das nieder in »neuen Schlössern im alten Gewand« wie in Langenargen oder in Villen im »Burgen-Styl«.

Heute kommt Burgen und Schlössern als Monumenten gemeinsam durchlebter Geschichte die Aufgabe zu, Erinnerungsorte zu bilden, die zum Nachdenken über historische Zusammenhänge anregen.

◀ 1499: Die Schwaben nennen ihn Schweizerkrieg, die Schweizer Schwabenkrieg. Sebastian Münster, 1548. ▶ Dame und Ritter in der Manesse-Liederhandschrift, um 1300.

Das Weiherschloss Hagenwil im Thurgauer Talgrund.

Gnadenlos gesprengt

Auf dem Bergvorsprung, der die Bregenzer Oberstadt trägt, erbauten die Udalrichinger im 11. Jahrhundert ihren ersten Burgsitz. Sie waren Grafen fränkisch-alemannischer Herkunft und beherrschten den Argengau und den Rheingau. Eine eigene Linie, die sich nach Bregenz nannte, ist seit 1043 bekannt.

Auf die Udalrichinger folgten die Grafen von Montfort. Graf Hugo von Bregenz war der Erste, der sich im Jahre 1206 auch »von Montfort« nannte. Montfort (lateinisch mons fortis) bedeutet »starke Burg«. Ein berühmter Vertreter der Adelssippe war der Minnesänger Hugo von Montfort (1357–1423). Das Vorarlberger Landeswappen geht auf die Montforter zurück. Unter Graf Hugo von Montfort und seinen unmittelbaren Nachfolgern entstand die planmäßige Neuanlage einer Burgsiedlung, die Stadt Bregenz. Wir erkennen das fast rechteckige Mauergeviert und die drei parallel angelegten Hauptachsen, wenn wir durch die Oberstadt spazieren. An manchen Stellen ist sogar noch der hölzerne Wehrgang erhalten.

Ihr Heil suchten die Montforter in der engen Anlehnung an die mächtigen Habsburger, mit denen sie bereits 1337 einen »ewigen Bund« geschlossen hatten. Das Haus Österreich brauchte nur abzuwarten, bis ihm Bregenz und seine Herrschaft in die Hände fiel. 1523 war es so weit. In der Folgezeit verlagerte sich der betriebsame Stadtmittelpunkt immer mehr zum Hafen hinunter. Die verlassene Oberstadt wurde ein »versteinertes« spätmittelalterliches Idyll aus Fachwerkhäusern und weinumrankten Mauern – und ist heutzutage ein Kleinod, das wir gar nicht genug schützen können.

Weithin sichtbar baut sich der *Gebhardsberg* über Bregenz auf. Hinter ihm steigt der Pfänderrücken noch mal fast 500 Meter auf 1064 Höhenmeter empor. Der Name »Gebhardsberg« ist relativ jung und wurde eigentlich erst im 19. Jahrhundert gebräuchlich. Damals setzte die Wallfahrt und das Fest des Bodensee-Heiligen Gebhard ein, jährlich am 27. August. Ob der spätere Bischof von Konstanz, ein Spross der Udalrichinger, wirklich auf dem Berg anno 949 zur Welt kam, ist allerdings höchst zweifelhaft. Zwar ermöglicht der mächtige Nagelfluhfelsen mit 590 Höhenmetern einen umfassenden Blick über den Rheingau, den Oberen See, auf das Säntismassiv und an manchen Tagen gar die Fernsicht bis Konstanz, doch ist eine Burg hier nicht vor dem späten 11. Jahrhundert bezeugt. Erst als Bregenz (die heutige Oberstadt) im Investiturstreit 1079 erobert wurde, fiel den Grafen dieser Felsklotz ins Auge. Seine Höhe und der steile Abhang boten einerseits Schutz, erschwerten aber andererseits Zugang und Versorgung ganz erheblich. Der majestätische Sitz auf schroffem Gipfel befand sich demnach immer in einer Abseitslage.

Hoch über dem See: der Bregenzer Gebhardsberg mit der Burg Hohenbregenz.

paner da stund an einer paner
hundert thusing tüfel der müsse unser
walten also batten Appenzeller gewonnen
me denn fünffzig gemuret schlossen stet
und burg der worden bi drissigen zerbro
chen

Das Jahr 1408 brachte eine ernste Bewährungsprobe für Bregenz, doch scheiterten die Sieg gewohnten Appenzeller an den Mauern der Stadt. Daran knüpft die Ehre-Guta-Sage an. Eine Magd namens Guta soll die Bregenzer gewarnt haben, nachdem sie zufällig den Plan einiger Verschwörer gehört hatte, den Appenzellern die Stadt- und Burgtore zu öffnen. Die Bregenzer riefen daraufhin 8000 Mann des Schwäbischen Bundes zu Hilfe, die den Appenzellern erfolgreich entgegentraten. Seit dieser wundersamen Errettung lautete der Ruf des Bregenzer Nachtwächters »Ehret Guta«. Auch der Ehreguta-Brunnen auf dem gleichnamigen Platz in der Oberstadt erinnert an diese Bregenzer Sage. Für die Grafen auf Hohenbregenz scheint die Gefahr der Eroberung so groß gewesen zu sein, dass sie ihre Schätze, darunter ein »goldenes Kegelspiel«, am Gebhardsberg vergraben ließen. Unter der habsburgischen Herrschaft bürgerte sich der Name *Hohenbregenz* für die hoch gelegene Feste ein. Gegen Ende des 16. Jahrhunderts verlagerte man das Haupttor auf die Westseite (wo es sich immer noch befindet) und umgab die alten Mauern mit neuzeitlichen Rondellen. 1608 erfolgte eine letzte Fortifikation mit Schanzen und Geschützstellungen.

So wenig aufregend die Burggeschichte insgesamt war – so spektakulär war das Ende von Hohenbregenz: Schwedische Truppen des Dreißigjährigen Krieges sprengten die verlassene Burg im März 1647 mit fünf Pulverkisten in die Luft. Übrig blieb ein Ruinengelände, in das Einsiedler zogen und wo Ende des 18. Jahrhunderts auf den Trümmern des Wohn- und Vogteigebäudes die Wallfahrtskirche erbaut wurde. Ein gotischer Erker, der an der Apsis der Kirche über lotrechtem Fels hängt, zeugt noch vom alten Palas. Die Umfassungsmauern der Burg erstrecken sich trapezförmig auf dem nach allen Seiten abfallenden Felsenrücken. Vom Bergfried, dem ehedem höchsten Turm an der flacheren Angriffsseite gegen Osten, ist noch ein Stockwerk erhalten, in seinem Untergeschoss gähnt eine 35 Meter tief in den Felsen geschlagene Zisterne.

Man kann den Gebhardsberg von Bregenz aus über die gewundene Fluherstraße erreichen. Ein renommiertes Restaurant erwartet uns in der Burg, aufgestockt auf dem doppeltürmigen spätmittelalterlichen Torbau. Von den Turmterrassen genießt man das gesamte Panorama der Bregenzer Bucht und an vielen Tagen einen atemberaubenden Sonnenuntergang über dem See. Empfehlenswert ist aber der Fußweg. Vom St. Gallusstift, das die renommierte Vorarlberger Landesbibliothek beherbergt, kann man einen leichten Serpentinenweg durch Mischwald nach oben einschlagen. Ein Geheimtipp ist der Burgsteig von Kronhalde aus. Er führt direkt unterhalb des markant sich übers Land hin ausbuchtenden Felsbauchs hindurch und passiert eine von Wasser durchgischtete Höhle, aus deren Innerem ein versteinerter Baum herausragt. Liegt hier das »goldene Kegelspiel« verborgen? www.alleburgen.de/bd.php?id=22901

Vergeblich: Appenzeller »berennen« Bregenz anno 1408. Tschachtlan-Chronik 1470.

Mittelweiherburg zu Hard

Ein Schlösschen voll Betriebsamkeit

Nah zum See hin liegt Hard, von Bregenz durch die Bregenzer Ache getrennt. Am 20. Februar 1499 hub hier ein gar gewaltiges Stechen und Hauen an. Die Schweizer Eidgenossen besiegten (wieder einmal) ihre Habsburger Widersacher und zogen daraufhin plündernd durchs Rheintal nach Frastanz im Walgau, wo sie den Österreichern gleich die nächste eiserne Lektion mittels Hellebarden, Piken, Stoßlanzen und Langschwertern erteilten. Kein Wunder, dass Kaiser Maximilian im Frieden von Basel den derart dreinschlagenden Schweizern mehr oder weniger die staatliche Eigenständigkeit zugestehen musste.

Hard, das kleine Fischerdörfchen mit Holzmarkt, war schnell wieder aufgebaut. Um 1550 ritt ein Herr namens Johann Christoph Schnabel von Schönstein, seines Zeichens »Doctor der Rechte«, über die Ache und suchte sich ein Plätzchen für sein zukünftiges Landschlössle. Er fand es im flachen Quellgebiet des Dorfbachs, inmitten von Weihern und Tümpeln. Ein Chronist nannte es 1616 »Ein new gepaut Lusthäusslein, darbey schöne klare Brunnen herfür quellen, Mittelweiherburg genannt«. Es war also ein Wasserschloss oder eher Weiherhaus, das hier entstand. Im Stil der Zeit glich es in der äußeren Form durchaus einer Burg mit Mauern und Zugbrücke. Aber das waren nur architektonische »Ritterzitate«, um den noblen Stand des Herrn Doctor zu demonstrieren. Die nächsten Besitzer waren die Bregenzer Bürger Deuring, von denen noch heute ein Wappen über dem Eingang kündet.

Warum wir die geschichtlich und künstlerisch wenig hervorstechende Mittelweiherburg anführen? Weil sie für das gewerbefleißige Ländle Vorarlberg enorme wirtschaftsgeschichtliche Bedeutung besitzt! 1792 richtete man in ihren Räumen die erste Cotton-Druckerei ein und legte damit den Grundstein für die vom 19. Jahrhundert bis in unsere Zeiten florierende Harder Textilindustrie. Nach Bränden in den Jahren 1818 und 1827 wurden die Gebäude bis auf den noch stehenden Kapellenstock mit dem runden Treppentürmchen abgetragen. Der Bauschutt diente zur Auffüllung des Wasserrings. Bis 1880 wurde im verbliebenen Gebäude eine Textildruckerei, eine Textilfärberei, eine Bleiche und eine Formstecherei betrieben. Seit 1962 beherbergt die Mittelweiherburg das Harder Heimatmuseum. 1997 richtete die Gemeinde in der sorgfältig sanierten Mittelweiherburg das höchst anschauliche und modern konzipierte Textildruck-Museum ein. Nicht nur die Technik wird erklärt, sondern auch die Sozialgeschichte der Industrialisierung. www.alleburgen.de/bd.php?id=22516

Die Harder Mittelweiherburg: ein zum Gewerbebetrieb verwandeltes »Lusthäuslein«.

Hans von Rechberg zu Schramberg

Raubritter Rechbergs Rückzug

Wenn wir von Bregenz an der Bregenzer Klause vorbei Richtung Hörbranz fahren, erkennen wir über Backenreute ein graues Gemäuer: die Ruggburg. Viel weiß man nicht über sie, mit Ausnahme ihres spektakulären Endes. Der letzte Besitzer, Hans von Rechberg, trug die Bezeichnung Raubritter, mit der oft auch Unschuldige bedacht wurden, zu Recht.

Er verbündete sich mit den Hegaurittern und soll sogar mit schnellen Ruderbooten Jagd auf die schweren Lastensegler im Untersee gemacht haben. Durch das Erbteil seiner Frau kam er 1450 in den Besitz der Ruggburg und benutzte sie sofort als Stützpunkt für Streifzüge gegen Lindau und die oberschwäbischen Städte. 1452 zogen die Memminger eine beachtliche Streitmacht zusammen. Sie schlossen die Ruggburg mit 600 Mann ein. 24 Wagen voller Pulver und Munition wurden heraufgeschleppt. 27 Mann zählten die Verteidiger. Ein schwerer Mörser feuerte fünf Wochen lang zentnerweise Steinkugeln gegen die Mauern, die allmählich zerbarsten. Doch die Eroberer fanden in dem Trümmerhaufen nur den Priester und eine Magd vor, »die liess man ihrer Strassen ziehen und geschahe niemand nichts«. Was war geschehen? Die Lösung war ein unterirdischer Gang, durch den Proviant geschleust worden war. Und durch eben jenen Stollen waren die letzten Verteidiger nach draußen geflüchtet! Die sagenhafte Überlieferung meint, dass auch Hans von Rechberg dabei war, doch nach historischen Zeugnissen weilte er ganz woanders. Der Städtebund vollendete das Zerstörungswerk und verhinderte jeglichen künftigen Wiederaufbau. 1464 traf den Unhold endlich ein rächender Armbrustbolzen, dem er so lange auszuweichen verstanden hatte.

Im 16. Jahrhundert stürzten beträchtliche Teile der noch stehenden Mauern in die Tiefe. Bis heute ist der Untergrund in Bewegung, Immer wieder poltern Mauersteine herab, besonders nachts, und nähren die Geschichten über Spuk und Gespenster. 1920 soll sogar der Eingang zum unterirdischen Geheimgang freigelegt, dann aber wieder zugeschüttet worden sein. Die noch hoch aufragende Wand des Wohnturms macht einen sehr fragilen Eindruck. Die Ruggburg verwandelt sich zunehmend in die Natur zurück. Warum auch nicht?

Von Backenreute folgt man der Ruggburgstraße, die in den Ruggsteig mündet. Im Weiler Halbenstein erkennt der Burgenkundige im Gelände, dass hier auch einmal eine kleine Burg gestanden hat. Ein sanfter Rundweg führt dann um die Ruggburg herum und ermöglicht immer wieder schöne Ausblicke auf die Lindauer Insel. Wildromantisch ist die »Hölle«, eine tief eingeschnittene Schlucht mit Wasserfall unterhalb des Burgbergs. www.alleburgen.de/bd.php?id=22243

▲ Die Natur erobert sich die Ruggburg zurück. ▼ Hans von Rechberg, ein wahrer Raubritter. Bildnis um 1460.

Schloss Hofen

Ländliche Renaissance

Selbstverständlich dürfen wir Vorarlberg nicht mit einer Raubritterfeste à la Ruggburg im Hinterkopf verlassen. Das hat das Ländle nicht verdient! Also werfen wir noch einen Blick auf das Renaissanceschloss Hofen in Lochau, zwischen 1585 und 1616 entstanden. Ein ländlicher Prunkbau – fürwahr.

Bemerkenswert waren die Besitzer und Bewohner des Schlosses, unter ihnen der hier geborene Wolf Dietrich von Raitenau, von 1587 bis 1612 Fürstbischof von Salzburg und damit einer der mächtigsten Herren des Römisch-Deutschen Reiches. Der Fürstbischof war eine durchaus moderne Gestalt – nicht nur weil er sich zu seiner Konkubine Salome Alt und ihrer beider elf Kindern bekannte, sondern weil er Salzburg in einen modernen Behördenstaat verwandelte und Kunst, Kultur und Sozialwesen förderte. Wolf Dietrich geriet allerdings wegen banaler Salztransportfragen mit dem bayerischen Herzog (und späteren Kurfürsten) Maximilian in Konflikt und zog den Kürzeren, weswegen er 1612 abdanken musste. Ein Hohenemser, Markus Sitticus, wurde sein Nachfolger auf dem Bischofsthron, und ausgerechnet er hielt den Raitenauer auf der Feste Hohensalzburg bis zu dessen Ableben 1617 im Auftrag der Bayern gefangen. Immerhin hatte es Wolf Dietrich noch erreicht, dass Salome und ihre Nachkommenschaft ausreichend entschädigt wurden.

1647 zogen ungebetene Gäste ins Schloss Hofen ein, nämlich der schwedische Generalfeldmarschall Carl Gustav Wrangel samt Entourage, um von hier aus die Eroberung von Bregenz und des Rheintals zu leiten. Aus der Freude heraus, dass ihm dies gelang, indem seine Truppen die Bregenzer Klause überwanden und die Burg auf dem Gebhardsberg in die Luft sprengten, ließ er das Schlösschen ungeschoren.

Charakteristisch sind die zwei Zwiebeltürmchen am dreigeschossigen Hauptbau. In der Holzdecke über dem Festsaal werden heute noch ein paar Hörlöcher gezeigt, durch welche man Gespräche belauschen konnte – quasi eine Standardeinrichtung jener Zeit. Die Geladenen werden es gewusst haben. Im letzten Jahrhundert diente das Schloss als Spital, Kinderheim und Hotelfachschule. 1972 gelangte Schloss Hofen in Landesbesitz. In seinen Räumlichkeiten ist heute das hochmodern eingerichtete Vorarlberger Landesbildungszentrum mit Tagungshotel untergebracht. Während der Generalsanierung 2016 wurden zwei Annexbauten angefügt. www.schlosshofen.at

Heute ein modernes Bildungszentrum: Schloss Hofen.

Villa Lindenhof in Bad Schachen

Landsitz im italienischen Stil

Schon seit dem späten Mittelalter erbauten sich Lindauer Patrizier in Aeschach und Schachen an den Hängen mit Blick auf Insel und See Landschlösschen und Sommersitze. Nachdem sich 1848 die Wittelsbacher, das bayerische Königshaus, im Bereich des Schwefelbades Bad Schachen niedergelassen hatten, folgten ihnen Aristokraten und reiche Fabrikanten nach. Wer sich für die elegante Villenarchitektur des 19. und beginnenden 20. Jahrhunderts interessiert, findet hier schöne Beispiele von Landhäusern, die als Ritterburgen oder toskanische Villen verkleidet sind.

In der Villa Lindenhof hat sich der in Italien zu Vermögen gekommene Kaufmann Friedrich Gruber ein Denkmal geschaffen. Seine Familie war schon seit dem 17. Jahrhundert in Lindau tätig und erwarb mit einem Fuhrunternehmen, das Waren von und nach Italien sowie Südfrankreich transportierte, Ansehen und Reichtum. Gruber (1805–1850) stand mit seinen Verbindungen nach Genua, Marseille, Palermo und Neapel zwar im Ruf eines »Napoleon der Kaufleute«, starb jedoch nicht einmal 45-jährig und hat die Früchte seines Wohlstands nicht mehr ernten können. Wenigstens hat er seine letzte Ruhestätte im Park gefunden. Auf seiner Grabplatte lesen wir: »Rastlos musst Du vorwärts streben, nie ermüdet stille stehen, willst Du die Vollendung sehen.« Von 1842 bis 1849 entstand der hoch über dem Seeufer liegende herrschaftliche Landsitz im etwas abgewandelten Stil einer Palladio-Villa.

Aus dem Haupthaus springt ein halbrunder Vorbau hervor, der von einer Balustrade gekrönt wird. Das Sommerhäuschen im Gewand eines römischen Tempelchens und besonders in seinem Inneren die Wandmalereien im pompejanischen Stil künden vom Faible des Hausherren für die römische Antike. Im weiten Vorfeld der Villa schuf der renommierte Gartenarchitekt Max Friedrich Weyhe den wunderschönen englischen Landschaftspark, durch welchen die namengebende Lindenallee führt. Naturliebhaber werden die Riesen-Sequoie, ein Urweltgewächs, und die Gingkobäume auf Anhieb finden.

1956 übernahm die Stadt Lindau Villa und Landschaftsgarten. Der östliche Teil des Parks wurde zu einem Strandbad mit Liegewiese umgewandelt, der Park selbst ist seitdem öffentliches Erholungsgebiet mit schönen Spazierwegen und Blick auf Lindau, Bregenzer Bucht und Schweizer Berge. In der Villa ist ein »Friedensmuseum« untergebracht, das von Pax Christi, der Friedensbewegung der katholischen Kirche, betrieben wird. www.lindau.de/addresses/lindenhofpark

Lindenhof in Bad Schachen, eine großbürgerliche Villa im Palladio-Stil.

Nicht immer ein Idyll

Zwischen Lindau und Wasserburg breiten sich duftende Obstplantagen und Streuwiesen aus. Und das Attribut »malerisch« gilt immer noch für das harmonische Bauensemble aus Schloss und zwiebelgekrönter Georgskirche in Wasserburg. Die St. Galler Klosterherren richteten sich im Mittelalter auf der in den See ragenden Halbinsel ein Refugium ein, eine Fluchtburg jenseits des Sees, in die sie bei Gefahr ihre Schätze bringen konnten.

Schon damals dürfte der eigentliche Burgbereich auf der äußersten Landspitze durch einen Wassergraben zu einer Insel verwandelt worden sein. Spätere Besitzer gerieten in Streit mit dem Schwäbischen Städtebund, der die Burg 1358 kurzerhand zerstörte. Die Grafen von Montfort bauten sie wieder auf und hielten sie auch während des Bauernkrieges 1526. Die ursprünglich dreiflügelige Anlage geht auf die Montforter zurück. 1592 erwarben die schwerreichen Fürsten Fugger Burg und Herrschaft Wasserburg. Im *Malhaus*, einem Renaissancebauwerk von 1596 mit geschweiften Giebeln, das heute als Museum dient, haben sie ihre Spuren hinterlassen. Leider nicht nur rühmliche, wie die schaurigen Hexenzellen beweisen. Das Epitaph des berüchtigtsten Hexenjägers dieser Zeit, Bartholomäus Heuchlinger (nomen est omen), steht immer noch in der benachbarten Kirche. 1720 ließen die Fugger den Wassergraben der Burg zuschütten und die alte Zugbrücke entfernen. Wasserburg war damit keine »Wasserburg« mehr. Über eine kurze österreichische Herrschaftsperiode gelangte Wasserburg 1805 an das Königreich Bayern.

Die Kirche St. Georg geht auf das 8. Jahrhundert zurück. Ihr heutiges Aussehen erhielt sie im 18. Jahrhundert. Der Turm wurde nach einem Blitzschlag 1655 im Stil der Augsburger Renaissance wieder aufgebaut. Im Innern erinnern drei Tafeln an die »Seegfrörnen« von 1573, 1830 und 1963, also an Winterzeiten, in denen der See vollständig zugefroren war.

Das Schlossgebäude selbst dient heute als stilvolles Hotel. Eine intime Veranda mit Bronzedenkmal und Seeblick erinnert an Horst Wolfram Geißler (1893–1983). Der Dichter ließ seine berühmte Romanfigur, den »Lieben Augustin«, in Wasserburg aufwachsen. Der zeitgenössische Schriftsteller Martin Walser kam 1927 als Sohn des Wasserburger Gastwirts zur Welt. Viele seiner gesellschaftskritischen Romane spielen hier am See inmitten eines auch für Vorbeifahrer sichtbaren begüterten Weekend- und Yachtingmilieus. www.wasserburg-bodensee.de

▲ Wasserburg war ursprünglich eine Fluchtburg im See.
▼ Wieder mit Leben erfüllt: Schlosshotel Wasserburg.

SCHLOSS

Ein Hauch von Orient

Zwischen den Mündungen der Argen und der Schussen liegt auf einem in den See vorstoßenden »Horn« der Markt Langenargen, der Seeort des Argengaus. 1290 ging er in den Besitz der Grafen von Montfort-Bregenz über, der damals mächtigsten Herren am Obersee. Graf Wilhelm kam als Feldhauptmann Kaiser Ludwigs des Bayern und als Statthalter von Mailand zu Reichtum und ließ anstelle einer älteren Befestigung 1330 auf der Halbinsel eine neue Burg errichten, die er Montfort nannte.

Ein künstlicher Wasserdurchstich und eine Zugbrücke verwandelten sie in eine Inselburg. Nach Schäden durch einen Blitzschlag 1473 gegen Ende des 15. Jahrhunderts noch einmal verstärkt, ließ sie sich von den »Zusammenrottungen der Bauern« 1526 nicht beeindrucken. Den Bedarf an Kanonenrohren besorgte im 16. Jahrhundert eine eigene Argener Stückgießerei (Stück = Geschütz). Matthäus Merians Stich »Das Veste Schloß Argen« von 1643 zeigt eine vor dem Festland liegende massiv hochgemauerte Inselburg, die von neuzeitlichen Fortifikationen umgeben ist. Die Schweden plünderten die Burg 1647 aus, worauf in den leer geräumten Mauern 1649 noch ein Brand ausbrach. Erst 1667 ließen die Montforter die Wasserburg wieder teilweise bewohnbar machen. Für die 1740er-Jahre sind sogar noch großartige Festlichkeiten überliefert. Der Markt Argen kam jedoch wegen der Konkurrenz der Reichsstädte Lindau und Ravensburg nie so richtig auf die Beine. Nach dem Aussterben der Montforter ging die völlig verschuldete Herrschaft 1780 an Österreich über und – nach einem kurzen bayerischen Zwischenspiel – 1810 an das neue Königreich Württemberg.

Das Gemäuer im See verfiel dabei, bot aber noch als Ruine einen imposanten Anblick und diente zahlreichen Bodenseemalern als romantische Kulisse. Kein Wunder, ist doch die Hochgebirgswelt jenseits der Wasserfläche – die Zacken der Drei Schwestern, der Scesaplana und des Säntis – bis in den Hochsommer hinein schneebedeckt und zeigt sich in der Sonne mit gleißendem Weiß. Auf alten Abbildungen sieht man eine sich im Wasser spiegelnde Ruine ohne Dach mit leeren Fensterhöhlen und emporragenden Zinnengiebeln. Annette von Droste-Hülshoff beschrieb Burg Montfort 1842 als »die herrliche Ruine Montfort, auf einer

▲ Schloss Langenargen ist einer der schönsten Verweilorte am See. ▼ Das Schloss besteht aus einer Melange aus Orient und Miramare.

Landzunge, die schönste, die ich je gesehen habe, mit drei Toren, zackichten Zinnen und einer dreifachen Reihe durch ihre Höhe und Tiefe ordentlich imponierender Fensternischen, in denen die herrlichste Stukkaturarbeit dem Winde und Regen noch zum Teil widerstanden hat«.

Auf der Suche nach herausstechenden Plätzen für Repräsentationsbauten des neu geschaffenen württembergischen Königtums fiel der Blick König Wilhelms I. auf Langenargen. 1861 ebnete man den Burgplatz ein, verwandelte die Insel durch einen breiten Damm zur Halbinsel und errichtete darauf einen Prachtbau im orientalischen Stil. Bewusst sollte jeglicher Anklang an den mittelalterlichen Vorgängerbau vermieden werden. Für diesen an maurische oder osmanische Vorbilder gemahnenden »Kiosk« (Gartenpalast) war der Name »Villa Arguna« (so hieß der frühmittelalterliche fränkische Hof hier) denkbar unpassend. Nach der Vollendung des Baus im Jahre 1866 entschied sich der Stuttgarter Hof für »Schloss Montfort« in Erinnerung an das alte Grafengeschlecht. Das dreigeschossige, aus roten und gelben Backsteinen erbaute Schlösschen mit seinem schlanken Zinnenturm diente als Sommerresidenz König Karls I. und als häufiger Aufenthalt der Prinzessin Luise von Preußen. Für die verwitwete Königin Pauline wurden der Festsaal und die Salons noch aufwendig mit intarsierten Parkettböden, offenen Kaminen aus Marmor und Deckenmalereien ausgestattet. Die filigranen Türmchen und arabesken Stilelemente erinnern sowohl an Schloss Miramare bei Triest wie an die romantischen Schlösser Ludwigs II. von Bayern. Technikfreaks sollten derartige Bauten des 19. Jahrhunderts übrigens nicht vorschnell als reinen Kitsch abtun. Hinter dem verspielten Äußeren der prunkvoll überladenen Säle verbergen sich die damals modernsten Techniken wie Stahlskelettbau, elektrische Leitungen und zentrale Heizung.

Seit 1951 ist Schloss Montfort Gemeindebesitz und dient als Kulturzentrum mit wechselnden Ausstellungen und als Tagungsstätte und Konzertsaal. Die Besteigung des Zinnenturms ist möglich. Das Erdgeschoss nimmt ein Restaurant ein. Auf der Schlossterrasse sitzt man herrlich. Wenn die gegenüberliegende Schweizer Uferlinie im Dunst verflimmert, kann Mittelmeerstimmung aufkommen. www.tourismus-langenargen.de/erleben/highlights/schloss-montfort

▲ Die alte Burg Argen war eine Festung im See, wie sie bei Matthäus Merian 1643
▼ und in einem Gemälde des 18. Jahrhunderts gezeigt wird.

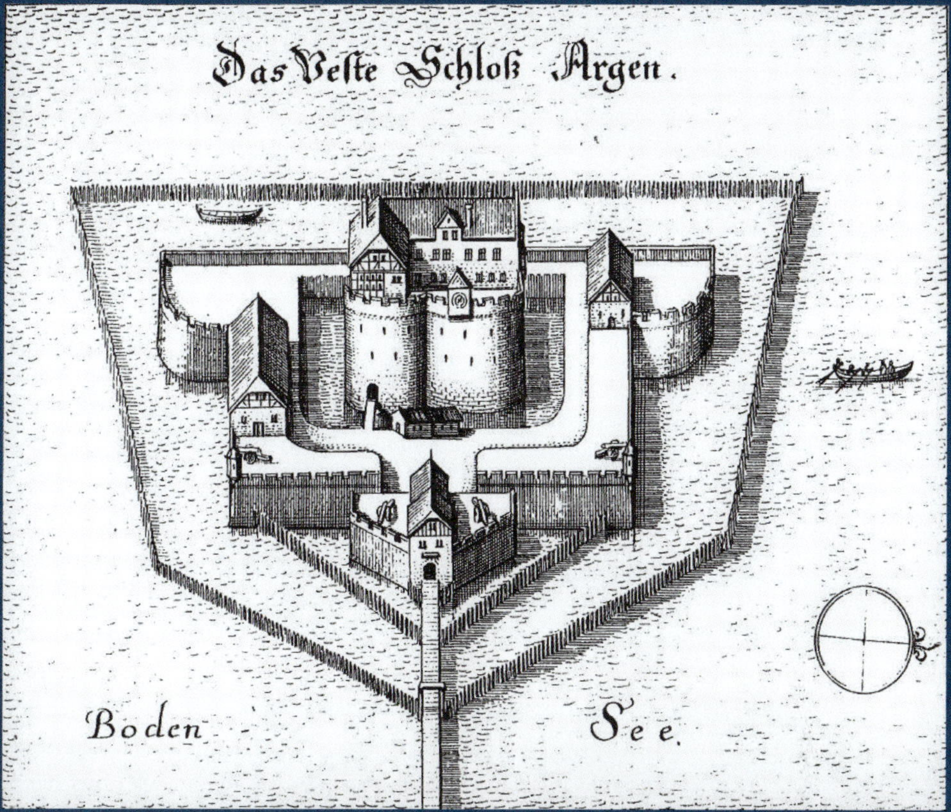
Das Veste Schloß Argen.
Boden
See.

Von Wassern umflossen

Wenn wir dem Flüsschen Argen von der Mündung an aufwärts folgen, stoßen wir zuerst auf die erste Kabelhängebrücke Deutschlands von 1867. Dann gerät inmitten von Obstplantagen und Feldern das Gemäuer der Burg Gießen ins Blickfeld. »Bei den (Wasser-)Güssen« ist ein treffender Name für die ehemals allseits von Wasserläufen umzogene Burg.

Die vorbeifließende Argen sorgte für stetigen Zufluss. Nahebei befand sich eine Furt, die es zu schützen und kontrollieren galt. Daher wird schon für das hohe Mittelalter hier eine kleine Turmhügelburg vermutet, die später zu dem noch bestehenden Wehr- und Wohnturm ausgebaut wurde. Besitzer waren die Herren von Wolfurt aus Vorarlberg, deren Stammburg heute noch zwischen Bregenz und Dornbirn prangt. 1357 taucht die Burg Gießen zum ersten Mal in einer Urkunde auf. Streitigkeiten mit den Grafen von Montfort-Bregenz bewogen die Wolfurter, ihre Burg im Argental zu verkaufen. Begünstigter war anno 1405 das Heilig-Geist-Spital zu Lindau. In der Kaufurkunde ist von der Burg, Bauhof, Mühle, Höfen samt abhängigen Bauern und Gericht die Rede. In der Folgezeit diente die Burg als Verwaltungssitz und Vogtei der Spital'schen Güter im Hinterland des Bodensees. Von 1482 bis 1486 wurde die rechteckige Umfassungsmauer mit sechs Türmen angelegt und der starke Torturm mit Wurferker und Zugbrücke sowie der Palasbau errichtet. 1521 erhielt er den Zinnengiebel.

Während des Dreißigjährigen Krieges lieferten sich zwischen 1645 und 1647 Schweden und Kaiserliche Seeschlachten auf dem Bodensee. Beteiligt waren bis zu fünfzig Kriegsschiffe, sogenannte Lädinen, die mit Artillerie bestückt waren. Aber vergeblich belagerte der schwedische Feldmarschall Carl Gustav Wrangel Lindau. Als Hauptquartier wählte er die Burg Gießen, die den Schweden im Mai 1647 das Burgtor öffnen musste. Doch schon im August 1647 besetzten kaiserliche Truppen die Burg. Besonders gelitten scheinen ihre Mauern nicht zu haben. Nach der Säkularisation wurde sie 1810 versteigert und von verschiedenen Privatbesitzern übernommen, darunter dem berühmten Wagner-Sänger Franz Nachbaur (1830–1902). Im Wesentlichen blieb ihr äußerer Baubestand bewahrt, sodass die Wasserburg Gießen heute noch ihre gotische, spätmittelalterliche Erscheinung zeigt. Seit 1974 wird sie innen wie außen restauriert. Eine Führung ist nach Voranmeldung möglich, aber auch von außen bietet sich ein eindrucksvolles Bild. Wie eine Ritterburg aus dem Baukasten liegt sie vor uns, mit Bergfried, Palas, Torturm und Bering. www.schlossgiessen.de

Torturm und Bering (Ringmauer) der Gießener Burg am Argenfluss.

Meersburg

Residenz der Bischöfe

Meersburg schaut so aus, wie wir uns ein von Mauern umgürtetes altdeutsches Städtchen mit seinen Toren, Türmen und Brunnen vorstellen. Entlang des Seeufers erstreckt sich die ehemals durch zwei Stadttore begrenzte Unterstadt mit dem alten Hafenbecken. Das westliche Vordere Seetor ist noch erhalten. Eine gewundene Steigstraße und zwei gepflasterte Stufengänge führen über den steilen Uferhang hinauf zur Oberstadt. Hier dominiert in jeder Hinsicht das Alte Schloss.

Wer schnell von der Schiffsanlegestelle hinaufmöchte, nimmt die 171 Stufen der Rieschentreppe quer durch die städtische Weinlage »Rieschen«. Das massige altersgraue Burggebäude mit dem wuchtigen Quadratturm beherrscht das Umland und die weite Wasserfläche vor Konstanz. Besteigt man in Gstaad die Fähre, so drängt sich der Kolossalbau ins Sichtfeld und gewinnt an Größe und Positur, je näher man herankommt. Rechts daneben erstreckt sich, in frischem Zartrot leuchtend, der erheblich freundlichere Barockbau des Neuen Schlosses. Von 1526 bis zur Säkularisation 1803 residierten in diesen beiden exponierten Gebäuden die Bischöfe von Konstanz und brachten eindrücklich ihre geistliche und weltliche Potenz zum Ausdruck.

Auch wenn es verlockend klingt, den Namen Meersburg mit dem Schwäbischen Meer in Verbindung zu bringen, so geht der Name doch auf den Heiligennamen Martin zurück. Die Anfänge der Burg verlieren sich im Dunkel der frühen deutschen Geschichte. Gründer soll der fränkische König Dagobert aus dem Geschlecht der Merowinger um das Jahr 628 gewesen sein, weswegen eine rührige Fremdenverkehrswerbung mit »der ältesten noch erhaltenen Burg Deutschlands« wirbt. Doch die »Dagobert-Legende« ist erst im 16. Jahrhundert aufgetaucht und bezieht sich auf einen angeblichen Aufenthalt König Dagoberts I. am Bodensee. Die direkt auf den Molassefelsen aufgesetzten erratischen Blöcke und unbehauenen Kiesel der Fundamente weisen in die frühe staufische Zeit um 1140. Dazu würde auch die urkundliche Erwähnung der »Merdesburch« von 1147 passen. In dieser Zeit wurde der vierseitige Hauptturm mit seinen neun Meter langen und drei Meter starken Mauern errichtet. 1210 gelangten Burg und Ort in den Besitz des Bistums Konstanz. 1213 feierte Kaiser Friedrich II. in der Burg die Karwoche. Konradin, der »letzte Staufer«, und sein Mitstreiter Friedrich von Zähringen-Baden weilten auf der Burg, bevor sie 1268 ihren verhängnisvollen Zug nach Neapel antraten.

▲ Breit hingelagert hockt die Meersburg über dem Hafen. ▼ Ritterhalle in der Burg.

Die längste Zeit war die Burg nicht gegen einen äußeren Feind gerichtet, sondern gegen die Meersburger Stadtbürger selbst, die – vergeblich – mehr Rechte von ihrem geistlichen Oberherrn einforderten. Nachdem die Reformation in der Reichsstadt Konstanz die Oberhand gewonnen hatte, sahen sich die Bischöfe samt ihrem Hofstaat zum Umzug gezwungen. 1526 nahmen sie den Weg »übers Meer« und landeten in ihrer alten Fluchtburg Meersburg, die sodann standesgemäß ausgebaut und erweitert wurde. Ihr heutiges Aussehen mit dem charakteristischen vierseitigen Stufengiebel auf dem Hauptturm und den runden Flankierungstürmen ist ein Werk der späten Gotik um 1500 und repräsentiert die Umbauten, die zum Einzug der Fürstbischöfe im Jahr 1526 nötig waren. Man betritt die Burg über eine steinerne Bogenbrücke, die sich über den 14 Meter tief künstlich ausgeschachteten Burggraben spannt. 1334 waren hier 400 Bergknappen tätig, um den Felsen wegzuschlagen. In diesem Jahr war es nämlich zu Streitigkeiten um die Nachfolge im Bischofsamt gekommen, und einer der Kandidaten, Nikolaus von Frauenfeld, besetzte die Burg und glaubte den Burggraben gegen seine Widersacher vertiefen zu müssen. Im nächsten Jahr erschien sein Gegenspieler Albrecht von Hohenburg und ließ die Burg mit einer »Vasa« (Büchse) beschießen. Das ist ein sehr früher Hinweis auf den Einsatz von Pulvergeschützen. Kriegsentscheidend war die Büchse in jener »Meersburger Bischofsfehde« aber nicht, da sie eigentlich nur Krach machte und einen »schutzlichen und herten Ton und Klapf« von sich gab. Nach 14 Wochen zogen die Belagerer ab. Auch den Schweden erschien im Jahr 1647 die Burg als zu harte Nuss. So begnügten sie sich, den Dachstuhl in Brand zu schießen.

Unten an der Sohle erblickt man die Burgmühle mit ihrem fast vier Meter Radius messenden Wasserrad. Von der ehemaligen Zugbrücke kündet noch die hölzerne Drehwinde, mit der die Holzplanken des letzten Brückenabschnitts hochgezogen werden konnten. Das voluminöse Burginnere birgt in dreißig Sälen, Gewölben und Kammern das Burgmuseum mit historischen Gegenständen aller Art. Die Sammlungen hat der Kunsthistoriker und Wappenforscher Karl Ritter Mayer erworben, der die Burg 1878 kaufte. Aber allein schon wegen des Burgcafés in den hübsch stuckierten Innenräumen und des Souvenirlädchens lohnt sich der Gang über die ehemalige Zugbrücke. Man durchmisst den Dürnitz (die Wachstube), den Rittersaal, den »Minnesängersaal«, die Rüstkammer und die rauchgeschwärzte Burgküche und blickt in den 1334 vollendeten Burgbrunnen. Der Fürstensaal erinnert mit Mobiliar und Bildnissen an die bischöfliche Zeit um 1600. Der angebliche »Hungerturm« mit seinem neun Meter tiefen Verlies ist eine der üblichen Erfindungen der »Schwarzen Romantik« des 19. Jahrhunderts.

In den ehemaligen bischöflichen Zimmerfluchten wohnt der heutige Burgherr. Meersburg ist zwar nicht die »älteste Burg«, aber seit dem 16. Jahrhundert wurde an ihrem Baubestand nichts Wesentliches mehr verändert. Nachdem die verwinkelte Burg den Prunk liebenden geistlichen Fürsten zu düster geworden war, ließen sie sich gleich daneben den lichten Barockbau des Neuen Schlosses errichten. www.burg-meersburg.de

Früher führte eine Zugbrücke über den 14 Meter tiefen Burggraben.

Fürstenhäusle

Freiin Annettes Asyl

1838 erwarb Josef Freiherr von Laßberg die verödete und zum Abbruch freigegebene Meersburg. Als Germanist, Nibelungenforscher und Historiker hat er sich viele Verdienste erworben. Dem romantisch verklärten Mittelalter zugeneigt, staffierte er das alte Burggebäude mit allerlei Wappen, Rüstungen, dunkel gebeizten Bildern und Jagdutensilien aus, die noch heute ihr eigentümliches Flair ausstrahlen. Ludwig Uhland, Gustav Schwab und die Gebrüder Grimm waren seine Gäste. Seine Schwägerin, die Dichterin Annette von Droste-Hülshoff, bezog 1841 den dem See zugewandten Flügel.

Ihr Arbeits- und Sterbezimmer wird in der Burg noch gezeigt. Der Blick aus dem Fenster lässt erkennen, warum »die Droste« als Norddeutsche so für ihre letzte Heimat geschwärmt hat. Wir verdanken ihr zahlreiche Schilderungen des Bodenseeraumes. Von feinem Humor zeugt ihr Poem vom »Alten Schloss«:

Auf der Burg haus' ich am Berge, / Unter mir der blaue See,
Höre nächtlich Koboldzwerge, / Täglich Adler aus der Höh' (...)
Schreit' ich über die Terrasse, / Wie ein Geist am Runenstein,
Sehe unter mir die blasse, / Alte Stadt im Mondenschein (...)

Die Freiin von Droste, Adelige aus Westfalen (1797–1848), verbrachte hier ihre letzten Lebensjahre. Als unverheiratetes »altes Mädchen« war sie zeitlebens von ihrer Familie abhängig und auch wegen angeschlagener Gesundheit froh, in Laßbergs Gelassen Unterschlupf zu finden. Dass sie einmal zu den bedeutendsten deutschsprachigen Schriftstellerinnen gezählt werden würde, war damals noch keineswegs abzusehen. Am See entstanden ihre Erzählung »Die Judenbuche« und der Gedichtzyklus »Das geistliche Jahr«. Erst 1843 verdiente sie mit der Veröffentlichung der Gesamtausgabe ihrer Lyrik eigenes Geld – und kaufte sich davon für 700 Gulden das »Fürstenhäusle«.

Zum Fürstenhäusle der Droste gelangt man durchs Obertor und von dort in ein paar Minuten auf einer schmalen Stiege hangaufwärts. Der idyllisch inmitten eines Weinbergs liegende Sommersitz wurde 1539 als bischöfliches Rebhaus zur Beaufsichtigung der umliegenden Weingärten erbaut. Annette von Droste-Hülshoff verbrachte hier »in ihrem artigen Gartenhaus« die letzten Sommerzeiten in den Jahren 1843 bis 1848. »Mir ist beinahe sündlich zumute«, schrieb sie, weil sie von hier oben, »ihrem niedlichen Asyl«, das Treiben der Bürger und Bauern beobachten konnte. Ein intimes Museum mit Bildern, Briefen und persönlichen Erinnerungsstücken im kleinen Fürstenhäusle erinnert an die Dichterin. Im nahen Friedhof liegt sie begraben. www.fuerstenhaeusle.de

▲ Das Fürstenhäusle hoch über der Altstadt. ▼ »Und die grauen Ahnenbilder sind mir Stubenkameraden«, schrieb Annette von Droste-Hülshoff.

Mit grandiosem Ausblick

Unmittelbar vor der alten Burgbrücke in Meersburg führt ein geschwungener Treppenaufbau empor zum Neuen Schloss. Von der durch eine Balustrade eingefassten Gartenterrasse eröffnet sich ein grandioser Blick über die Unterstadt und weiter über das blaugrüne Schwäbische Meer.

Im Adel des Barockzeitalters waren standesgemäße Residenz, Repräsentation und Komfort gefragt. Dem diente der Bau des Neuen Schlosses auf dem Areal unmittelbar neben dem alten Baublock. Als Platz stand die weiträumige Geländestufe über dem See zur Verfügung, auf der sich die alte Vorburg erstreckte, die kurzerhand abgerissen wurde. Fürstbischof Schenk von Stauffenberg entfaltete auf dem Papier eine großartige barocke Bautätigkeit, kam aber wegen der Unzulänglichkeiten seiner Baumeister über den Rohbau nicht hinaus.

Das änderte sich, als 1740 mit Damian Hugo ein Vertreter des Fürstenhauses Schönborn auf den Bischofsthron gelangte. Diese hochadlige Sippe galt als »vom Bauwurmb befallen« und hatte sich im Fränkischen schon mehrere prachtvolle Schlösser geleistet. Ihr Hofbaumeister war Balthasar Neumann, der das Kunststück fertigbrachte, aus der Ferne Pläne für das Neue Schloss Meersburg zu entwerfen, die an Ort und Stelle dann umgesetzt wurden. Der viel beschäftigte Architekt war selbst nie in Meersburg zugegen! Erst gegen 1766 war der gesamte Schlosskomplex vollendet und konnte vom siebzigköpfigen Hofstaat bezogen werden.

Das Schloss ist ein einflügeliger Längsbau mit drei Geschossen. Gegen den See entfaltet die reich gegliederte Schauseite ihre ganze hochherrschaftliche Pracht, zu der auch die rote Außenfärbung beiträgt. Die Fassade zum Schlossplatz hin ist dagegen einfacher gestaltet. Das Erdgeschoss wird von der Sala terrena eingenommen, einer – wie auch der italienische Name aussagt – ebenerdigen Halle. Vom majestätischen Selbstbewusstsein der fürstlichen Bewohner zeugt das von Balthasar Neumann entworfene lichte Treppenhaus mit zwei symmetrischen Stufenläufen, das die Repräsentationsräume der Oberstöcke erschließt. Sein farbenprächtiges Bildprogramm spiegelt pathetisch die Eigenschaften wider, die sich die Fürstbischöfe zuschrieben: Weisheit, Kunstsinnigkeit, Güte und Ruhm. Wie im »aufgeklärten Absolutismus« üblich, tritt die christliche Bildprogrammatik gegenüber der klassischen Antike in den Hintergrund. So sehen wir im Zentrum des Deckenfreskos den Lichtgott Apollo zusammen

▲ Das Meersburger Neue Schloss gewährte fürstbischöflichen Weitblick über den See.
▼ Ornamente, Pilaster und geschweifte Giebel repräsentieren barocken Glanz und Gloria.

mit Aurora, der Göttin der Morgenröte. Auch auf den Fresken im Spiegelsaal in der zweiten Etage tummeln sich Gestalten der griechisch-römischen Antike wie Bacchus, der Gott des Weines, den der betuliche Schlossführer als »trunken vom Lichte« bezeichnet und nicht etwa, wie eigentlich näherliegend, als »voll des süßen Rebensafts«. Bei Sonnenschein blenden die Spiegel und der filigrane Goldstuck in einem geradezu überhellen Licht. Werden bei Dunkelheit Kerzen entzündet, taucht der Festsaal ein in eine gedämpft schimmernde Unwirklichkeit.

Nur ein halbes Jahrhundert wirkten die Fürstbischöfe in ihrem Prunkbau über dem See, dann bereitete die Säkularisation der geistlichen Herrlichkeit im Jahr 1803 ein abruptes Ende. Man darf froh sein, dass »nur« das bewegliche Interieur wie Möbel, Teppiche und Tapisserien hinausgeworfen und verschleudert wurde und das Gebäude selbst, wenn auch als Gefängnis, Taubstummenanstalt und Seemannschule profanisiert, erhalten geblieben ist. Erst seit das Neue Schloss 1955 in den Besitz des Landes Baden-Württemberg übergegangen ist, dient es als Museum. Heute sind im Neuen Schloss das fürstbischöfliche Residenzmuseum, die städtische Gemäldegalerie und das Dornier-Museum untergebracht. Die drei Sammlungen unterschiedlicher Herkunft geben dem Besucher ein ganzheitliches, »rundes« Bild von Geschichte und Kunst am See.

Balthasar Neumann entwarf auch die *Schlosskirche*. Wüsste man nicht, dass vom Schlossplatz aus gesehen das linke Portal in das Kirchenschiff führt, könnte man sie glatt übersehen. Nur eine Marienbüste im Strahlenkranz weist auf den Eingang zur Kirche hin, die baulich vollständig in das Schlossgebäude integriert ist. Im Innern herrscht lichtdurchflutetes Rokoko wie in der Kirche zu Birnau. Der Bauherr, Kardinal Graf Damian von Schönborn, ließ sich, ein Weihrauchfässchen schwenkend, auf dem Deckenfresko in der Reihe der Anbetenden darstellen. Die Schlosskirche dient heute, durchaus überraschend, als protestantisches Gotteshaus.

Die profane Hofhaltung fand im *Reithof* statt, einer Vierflügelanlage mit Stallungen und Remisen, die sich an den Residenzbau anschließt und sich von diesem durch die – erneuerte – gelbe Außenfarbe unterscheidet. Durch eine andere, nämlich rötliche Farbnuance hebt sich davon das ehemalige *Priesterseminar* ab, ein stattliches Geviert um einen Innenhof. Beide Bauensembles sind in den Jahren 1725 bis 1765 entstanden. Der Reit- oder Stallhof beherbergt heute das Staatsweingut und einen Schulbetrieb. Im Priesterseminar ist das Internat des Droste-Hülshoff-Gymnasiums untergebracht. Beide Gebäude können aber von außen gut besichtigt werden. Zwischen ihnen eröffnet der Aussichtspunkt des Känzele einen großartigen Blick über den See. www.neues-schloss-meersburg.de

Balthasar Neumann, einer der berühmtesten Architekten des Barockzeitalters, lieferte die Baupläne für das Neue Schloss Meersburg.

Das »schlafende Schloss«

Schloss Heiligenberg liegt auf der Aussichtsterrasse des Bodensees. An klaren Tagen öffnet sich vom 400 Höhenmeter über dem See gelegenen Hochplateau das Panorama der Alpenkette von der Zugspitze bis zu den Firnen im Berner Oberland.

Als »mons sanctus« erscheint der über dem Linzgau aufragende Bergsporn im 11. Jahrhundert. Ein Graf Heinrich de monte sancto wird um 1150 als Konstanzer Vasall erwähnt. Seine Burg stand auf dem *Alt-Heiligenberg*, unweit nordwestlich des heutigen Schlosses. Mit dem Bau der neuen Burg wurde noch unter den Linzgaugrafen Mitte des 13. Jahrhunderts begonnen. Doch hatten sie in den Thronkämpfen Rudolfs von Habsburg aufs falsche Pferd gesetzt und mussten nach dessen Regierungsantritt 1273 Grafschaft und Burg an den Grafen Hugo von Werdenberg, einen treuen habsburgischen Parteigänger, verkaufen. Im Besitz der Werdenberger blieb die Herrschaft bis 1534 und ging auf dem Erbweg an die Grafen von Fürstenberg über, die das Schloss noch heute ihr Eigen nennen.

Unter den Fürstenbergern, die 1716 in den Reichsfürstenstand aufstiegen, wurde die Burg im Verlauf des 16. Jahrhunderts zu einer glanzvollen Renaissanceresidenz umgestaltet. Zwar blieben die spätmittelalterlichen Baublöcke um den schmalen Innenhof in ihrer Klobigkeit bestehen, doch wurden sie an den Fassaden und besonders im Inneren prachtvoll und »gar lustig« ausgestaltet. Dem Kemenatenbau wurden über drei Stockwerke luftige Arkaden vorgesetzt. Die Schlossherrin Anna von Zimmern engagierte dafür den hochberühmten Baumeister und Innenarchitekten Jörg Schwartzenberger, dem in Heiligenberg sein Meisterstück gelang: der Festsaal im Südflügel mit einer großartigen Kassettendecke aus verschiedenen Edelhölzern. Sie folgt mit 35 Metern Länge und 13 Metern Breite den Dimensionen des Saals und ist in sieben Metern Höhe aufgehängt. Der Saal war 1575 fertiggestellt und erhielt 1584 noch seine prachtvollen Kaminöfen. Im Westflügel betreten wir die Schlosskirche St. Felix, sie nimmt drei Stockwerke ein. Die Gruftkapelle birgt seit 1586 die Fürstenbergische Grablege. Ende des 16. Jahrhunderts entstand in der Vorburg der Glockenturm mit Zwiebelhaube nach italienischen Vorbildern. Mit dem Tod des baufreudigen Grafen Joachim 1598 verlor das Schloss seine Funktion als Mittelpunkt der weit gestreuten Fürstenberger Besitzungen. Während des Dreißigjährigen Krieges richteten wechselnde Einquartierungen schwere Schäden an. Für 200 Jahre standen dann die Räumlichkeiten leer. Heiligenberg wurde das »schlafende Schloss«. Nach umfangreichen Renovierungen wird es heute wieder von der Fürstenfamilie als zeitweiliger Wohnsitz genutzt. www.haus-fuerstenberg.com/heiligenberg-2

Heiligenberg, ein Renaissanceschloss auf mittelalterlicher Grundlage.

Palast von Patriziern

Von der Mitte des 14. Jahrhunderts bis 1803 war Überlingen Freie Reichsstadt, nur dem Kaiser untertan. Und dass sie sich zu wehren wusste, hat sie im Verlauf ihrer Geschichte mehrfach bewiesen. Schließlich galt sie als »der Schlüssel zum Bodensee«. Eine See- und Landmauer mit 11 Torbauten umschloss die Stadt, und 15 wuchtige Wehrtürme hielten Feinde auf Distanz. Sieben Türme ragen noch in die Höhe.

Vom großbürgerlichen Reichtum durch Wein- und Kornhandel zeugen das Rathaus mit der getäfelten Ratsstube von 1494, das Grethaus am Hafen sowie Stadthöfe und Patrizierhäuser. Die Bezeichnung Steinhaus in der Steinhausgasse weist darauf hin, dass Mitte des 14. Jahrhunderts die Massivbauweise noch als etwas Besonderes galt. Das Gebäude beherbergt heute die Überlinger Stadtbücherei.

Von Lokalpatrioten wird die sogenannte Gunzoburg beim Franziskanertor mit dem alemannischen Herzog Gunzo in Verbindung gebracht, der um 635 über den Linzgau geherrscht hat. Sein Sitz sei die *Villa Iburinga* (Überlingen) gewesen, die allerdings erst 770 urkundlich genannt wird. In der Volkssage heißt es, dass Gunzo seine Tochter Fridiburga dem fränkischen König Sigibert anverlobt habe. Die heutige Gunzoburg ist ein schönes, im Baukern spätgotisches Bürgerhaus mit sehenswerter Kunstgalerie. Ihre Wechselausstellungen bedürfen des sagenhaften Herzogs nicht, um besucht zu werden. Die Ritterfigur an der Fassade stellt einen Hausheiligen dar, wie es in der Spätgotik an Hauswänden beliebt war. Die Inschrift, die ihn als »Gunzo, Herzog von Alemannien und Schwaben« bezeichnet, dürfen wir auf das romantische 19. Jahrhundert zurückführen. Solche lebensgroßen Wandmalereien riefen bei einfacheren Gemütern früher oft gespenstische Assoziationen hervor: Die Sage berichtet vom »Geist der Gunzoburg«, der geharnischt und mit geschlossenem Visier umhergewandelt sei und vor seinem Verschwinden zuletzt – durchaus irdisch – noch die Gattin des damaligen Hausherrn geschwängert habe!

Hingegen repräsentiert das stattliche Reichlin-Meldegg-Haus einen echten Patriziersitz. Die zweiflügelige, dreigeschossige Anlage wurde in ihrer noch bestehenden gotischen Form 1462 vollendet. Bauherr war der Medicus und Ratsherr Andreas Reichlin von Meldegg, der Leibarzt Kaiser Friedrichs III. Der massive Baukubus auf dem Luzienberg weist in seiner Burgform deutlich auf den Ritterstand des Bauherrn hin. Die aufragenden Giebel mit

▲ Die Überlinger Gunzoburg, Ort einer erotischen Gespensterstory.
▼ Matthäus Merian zeigt die wohlbefestigte Reichsstadt Überlingen.

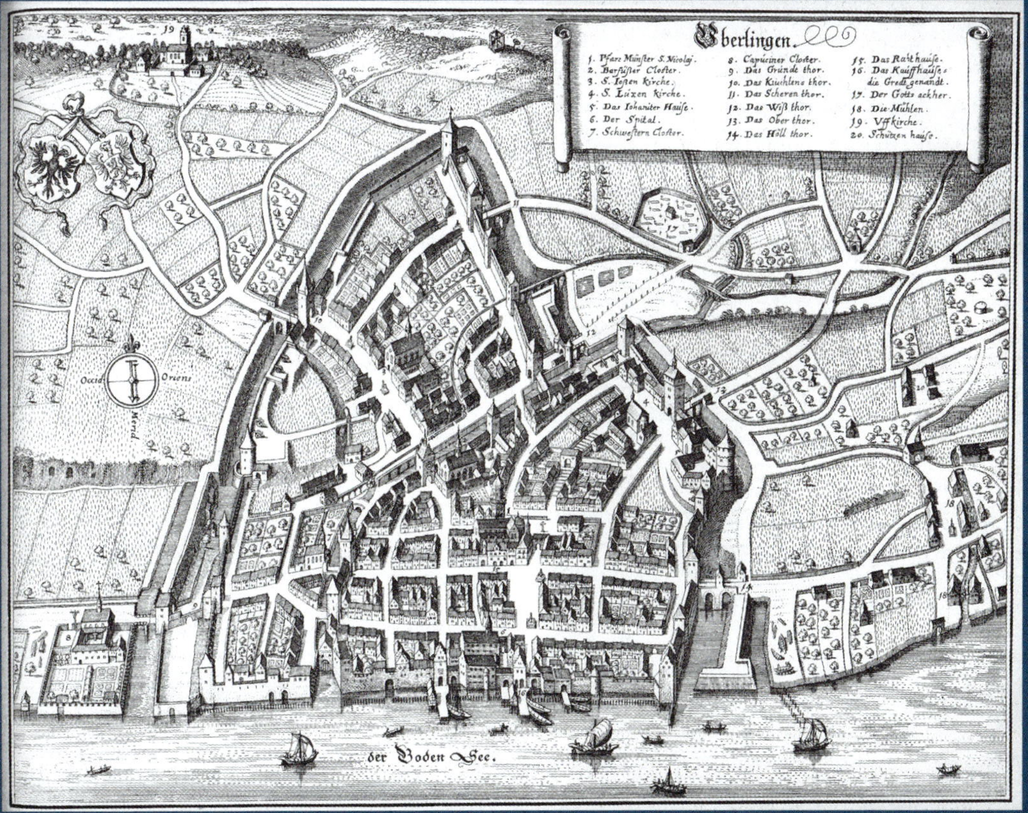
Vberlingen.
1. Pfarr Münster S. Nicolai.
2. Barfüßer Closter.
3. S. Jossen kirche.
4. S. Luzen kirche.
5. Das Johaniter Hauße.
6. Der Spital.
7. Schwestern Closter.
8. Capuciner Closter.
9. Das Gründe thor.
10. Das Kiuchlens thor.
11. Das Scheren thor.
12. Das Wiß thor.
13. Das Ober thor.
14. Das Höll thor.
15. Das Rahthauße.
16. Das Kauffhauße, die Gredt genandt.
17. Der Gotts ackher.
18. Die Mühlen.
19. Vffkirche.
20. Schützen hauße.
Occid.
Oriens
Merid.
der Boden See.

Stadt Museum

Schrägzinnen unterstreichen diesen Anspruch noch. Höchst repräsentativ wirken die Rundbogennischen und Blendbögen im Ostgiebel. 1467 erhielt das Haus, das wir durchaus als Stadtpalast ansprechen dürfen, noch eine eigene, dem Heiligen Luzius geweihte Hauskapelle. 1485 erschien Kaiser Friedrich III. höchstselbst in Überlingen und nahm Quartier im Hause seines Arztes. Eine große Ehre, aber teuer, mussten doch er und sein Gefolge standesgemäß verpflegt werden.

Bemerkenswert ist, dass die stadtseitige Schaufassade des dreistöckigen Haupthauses mit Rustikaquadern verblendet ist. Das war damals in Florenz »up to date« und sollte im Sinne der Renaissance das Klassisch-Römische zum Ausdruck bringen. Doktor Andreas hatte diese neuartige, wenn auch auf die Antike verweisende Bauform während seiner Studienzeit in Padua und bei weiteren Aufenthalten in Italien kennengelernt. Wenn wir näher treten, erkennen wir auch zahlreiche eingekerbte Steinmetzzeichen. Im Überlinger Reichlin-Meldegg-Haus gehen diese »klassischen« Rustikaquadern mit der treudeutschen Spätgotik jedenfalls eine interessante und zukunftsweisende Symbiose ein. Nur ein paar Jahrzehnte darauf wurde nämlich das Überlinger Rathaus in ebendiesem italienischen Renaissancestil neu gestaltet.

Das heutige Interieur der Luzius-Kapelle entstammt dem frühen Barock. 1695 wurden auch die Innenräume des Stadtpalastes, nachdem er in die Hände der Familie Buol-Echbeck übergegangen war, im Stil des lichten Barock erneuert. Aus dieser Zeit stammt das von Säulen flankierte Hauptportal. Ende des 17. Jahrhunderts erhielt der Südflügel einen prächtigen, zweigeschossigen Festsaal. Johannes Schmuzer hat ihn zusammen mit mehreren Vertretern der Wessobrunner Schule um 1700 vollendet. Ein Brauereibetrieb mit Ausschank während des 19. Jahrhunderts tat der Bausubstanz nicht gut, bis die Stadt 1910 das Bauensemble auf der Luzienhöhe erwarb und instand setzte.

Seit 1913 ist im Reichlin-Meldegg-Haus das städtische Museum untergebracht. Die Ausstellungsräume tragen originelle Namen: Altjungfernstübchen, Bildhauerzimmer, Pfahlbausaal, Bauernschlafstube, Biedermeierzimmer, Votivbildzimmer, Waffenkammer oder Gestirnbildzimmer. Und nicht zu übersehen: die Wunderkammer mit wahrlichen Kuriositäten. Volkskundlich herausragend ist die Sammlung putziger Puppenstuben aus vier Jahrhunderten. Ein Stadtmodell und alte Pläne geben Auskunft über die historische Stadtanlage. Die Terrasse zum See hin wurde früher als »Hängende Gärten« bezeichnet. Beim Verweilen unter ihren Kastanien erschließt sich ein wunderbarer Blick auf die Altstadt und den See. www.museum-ueberlingen.de

▲ Der Patrizier Andreas Reichlin von Meldegg ließ sich einen feudalen Stadtpalast errichten. ▼ »Römische« Quader zeugen von der humanistischen Bildung des Erbauers.

Burg eines Minnesängers

Obst- und Streuwiesen umgeben das Örtchen Sipplingen. Von hier aus verspricht ein Wanderweg eine Gaststätte hoch droben auf dem Haldenhof. Wir sollten dem Fußweg, der überdies von informativen geologischen Informationstafeln gesäumt ist, folgen, denn er führt vorbei an der einstigen Burg des Minnesängers Burkhard von Hohenfels.

Seine Lebensdaten schwanken zwischen 1191 und 1229 sowie 1216 und 1242. In der berühmten Heidelberger Liederhandschrift von 1305 (Codex Manesse Blätter 110–113) ist dieser Herr zusammen mit einer edlen Dame als Ritter bildlich dargestellt und wird als Dichter von 18 Minnegesängen gerühmt. Sein Gedicht: »Die Arme und die Reiche« berührt ein ewiges Thema. Die erhaltenen Fundamente der Burg lassen auf einen Wohnturm von knapp 10 mal 14 Metern Grundfläche schließen. Sein Buckelquadermauerwerk ist noch bis sechs Meter Höhe erhalten. Er wurde vermutlich in der Mitte des 13. Jahrhunderts auf älterer Grundlage errichtet. Zwar ist sonst nur noch wenig Mauerwerk vorhanden, doch können wir die Lage der Burg auf einer Felsnase 200 Meter hoch über dem See noch gut nachvollziehen. Der in den Hang künstlich eingeschachtete Burgweg und der Hanggraben, der den Burgplatz vom höher gelegenen Haldenhof abteilt, sprechen für eine durchaus herrschaftliche Höhenlage. Auf künstlich geebneten Plateaus am Südhang gegen den See finden sich noch weitere Spuren von Bebauung. Auf älteren Darstellungen erscheint Hohenfels als freistehender imposanter mehrstöckiger Turm mit weitem Blick über den See.

Die Hohenfelser waren Ministerialen der Konstanzer Bischöfe, später dann staufische Dienstmannen, die öfters im Gefolge Kaiser Friedrichs II. und König Heinrichs VII. auftraten. Nach 1300 sahen sie sich allerdings gezwungen, ihr Lehen Stück für Stück zu veräußern. 1388 geriet Goswin von Hohenfels nach einer verlorenen Schlacht in die Hände des Grafen Eberhard von Württemberg und kam nur gegen Übergabe der »halben Burg Hohenfels« frei. Zudem verloren im 15. Jahrhundert solche Höhenburgen generell ihre Funktion. Als die Gemarkung Hohenfels anno 1479 in den Besitz des Spitals von Überlingen überging, war das Schicksal der Burg als Bauwerk besiegelt, und sie wurde dem Zerfall überlassen. Aus dem Jahr 1641 ist der Zusammenbruch des Burggebäudes überliefert. Zwei Jahre später vollendeten französische Truppen, die in Überlingen einquartiert waren, das Zerstörungswerk. 1827 beschrieb sie der Dichter Gustav Schwab als »graue, wilde, zerrissene Ruine der Sängerburg, aus deren gewaltigem Geviertthurme eine mächtige Tanne emporschaut«. www.echt-bodensee.de/attraktion/ruine-hohenfels-sipplingen-1

▲ Hohenfels als Symbol der Vergänglichkeit: Stich von Friedrich Pecht, 1832.
▼ Wenige Überreste – aber der Zauber der Minnesängerburg ist geblieben.

Hohenfels.
49.

Ein weißer Mehlsack

Seit nunmehr 800 Jahren ist die Geschichte der Adelsfamilie Bodman mit der Landschaft um den Überlinger See verbunden. Ihre Stammburg war Hohenbodman bei Owingen nördlich von Überlingen. Anno 1171 findet Konrad von Bodman zum ersten Mal urkundliche Erwähnung.

Die Burg Hohenbodman erhebt sich auf einem freien Gipfel über der Salemer Ache. Von der Burg ist noch der eindrucksvolle runde Bergfried mit 37 Metern Höhe erhalten. Er dient heute als besteigbarer Aussichtsturm. 141 Stufen führen hinauf auf eine überdachte Plattform, die eine fulminante Rundsicht gewährt. Das ursprüngliche Zugangsportal erkennt man noch in acht Metern Höhe. Ein typischer Bergfried also. Angesicht seiner Monumentalität aus aufgemauerten Findlingen, Feld- und Tuffsteinen, einer Mauerstärke von 3,4 Metern und einem Umfang von 28 Metern fragt man sich jedoch nach dem Sinn solcher aufwendig gebauten Bauwerke. Gut, ins Land blicken konnte man von ihnen aus, und feuerfest waren sie auch. Aber dienten sie wirklich als letzte Zuflucht? In – wie hier in Hohenbodman – lichtlose, ungeheizte, absolut dunkle Stockwerke? Wir gehen bei der Interpretation der Bergfriede von unserem rationalen Zweckdenken aus. Im Mittelalter waren die hohen Türme eher als Standessymbol des Adels zu verstehen. Außerdem waren kriegerische Händel um Burgen eher die Ausnahme. Die meisten Burgen wurden vererbt, verkauft oder verpfändet. Wie in Hohenbodman: Um 1250 gerieten die Bodmaner in Konflikt mit dem mächtigen Kloster Salem, das bestrebt war, die weltlichen Herrschaften in seiner Nachbarschaft auszuschalten. 1296 sahen sie sich daher gezwungen, ihre Stammburg an das Hochstift Konstanz zu verkaufen.

In der Folgezeit nutzten die Konstanzer Bischöfe Hohenbodman in erster Linie als Pfandobjekt und achteten dabei auf die bauliche Erhaltung der Burg. 1325 und 1358 wird sie »Burk« und »Vest« genannt. 1478 ging die Herrschaft Hohenbodman als Pfand und 1507 als Kaufobjekt an die Freie Reichsstadt Überlingen über. Als Sitz des Überlinger Vogtes überlebte sie bis 1642. In diesem Jahr – es herrschte der Dreißigjährige Krieg – erschien ein von der Festung Hohentwiel ausgesandter Trupp und brannte die Burggebäude nieder. Den Rundturm zu schleifen, blieb aber keine Zeit. Ihm machten eher Blitzschläge zu schaffen. 1978 wurde er zum Aussichtsturm umgestaltet und erhielt seine Dachbekrönung. Damals hat man auch die weiße Farbe aufgetragen, welche ihm den Namen »Mehlsack« eingebracht hat. www.oberschwaben-tipps.de/hohenbodman

Der Bergfried von Hohenbodman – Wartturm und Standeszeichen.

Bodman

Der rettende Kochkessel

Wer sich je gefragt hat, woher der Name Bodensee eigentlich stammt, erhält in Bodman eine einleuchtende Erklärung: Namengebend war die karolingische Königspfalz Bodama oder Potoma des 8. Jahrhunderts, nach welcher der See im Latein der Urkunden *Lacus Potamicus* und deutsch »Bodamer See« genannt wurde. Bodman wiederum leitet sich aus dem lateinischen »podium« ab. Dies bedeutet Hochfläche oder Höhenrücken – eine wahrlich treffende Bezeichnung für den Bodanrück, der sich wirklich wie ein »Podium« über dem See aufbaut.

Von ihren Lehensgebern, der Kaiserdynastie der Staufer, erhielten die Herren von Bodman die Örtlichkeit der alten Kaiserpfalz Bodama überlassen. Bekräftigt wurde dieser Pfandbesitz durch König Rudolf von Habsburg anno 1277. So erbauten sich die Herren von Bodman nach dem Wegzug aus ihrer Stammburg Hohenbodman bei Owingen in ihrem neuen Wohnort Bodman am See die 1296 erstmals beurkundete »nuewe Burch ze Bodemen« hoch über dem Ort. Über diese Burg brach am 16. September 1307 eine schreckliche Katastrophe herein, als die gesamte Familie beim Gastmahl saß. Ein Blitz schlug in den Saal ein und tötete die Anwesenden, und der nachfolgende Feuersturm äscherte die Burg vollends ein. Nur einer entkam, Johann, der allerjüngste Bodman-Spross: Die schon von Flammen umgebene Amme hatte ihn in einen Bronzekessel gesteckt und zum Fenster hinausgeworfen. Der Knabe überlebte und mit ihm die Dynastie. Erschüttert von dem Ereignis überließen die Herren von Bodman den Platz der abgebrannten Burg dem Zisterzienserkloster Salem, das hier eine Marienkapelle errichten ließ. 1309 wurde das Gotteshaus geweiht und entwickelte sich zu dem beliebten Wallfahrtsort »Maria Bodman auf dem Frauenberg«. 1613 entstand der heutige Kirchenbau mit dem angebauten Schlösschen und dem wappengeschmückten Staffelgiebel. In der Kapelle erzählen Ölbilder von dem Unglück und der Stiftung der Liebfrauenkapelle.

Der Wanderweg führt in einer knappen Stunde durch den Hirschpark und Mischwald von Bodman zum *Frauenberg* hinauf. Die ausgesetzte Lage auf dem steilen Bergkamm 200 Meter über See und Ort erinnert noch deutlich an die mittelalterliche Höhenburg. Wir passieren dabei die Bildsäulen des Kreuzweges und die Gedenksäule, die an den Burgbrand von 1307 erinnert. Sie steht an der Stelle, wo der »eherne Kessel« mit dem überlebenden Stammhalter gefunden wurde. So ganz kann die Rettung des Säuglings freilich nicht stimmen, denn Johann von Bodman taucht schon wenig später als 1307 in Urkunden auf, muss da also volljährig gewesen sein. Frauenberg wird gegenwärtig von der katholischen Gemeinschaft Agnus Dei genutzt. Die Kapelle kann besucht werden.

Die Wallfahrtskirche auf dem Frauenberg steht auf den Grundmauern der Neuen Burg zu Bodman.

Als neuen Burgsitz erwählte sich »Johann der Gerettete« eine noch etwas höher aufragende Felskuppe landeinwärts vom Frauenberg und von diesem durch eine tiefe Schlucht geschieden. Der Name *Alt-Bodman* dürfte auf diese ausgesetzte Lage (altus = hoch) hinweisen. Um 1320 war der erste Bau vollendet. Nach Ausweis der Ruine handelte es sich um ein voluminöses Turmhaus von fast zwanzig Metern Seitenlänge, dessen Außenmauer zur Feldseite hin bogenförmig vorsprang. Also eine kleinräumige, aber kompakte und feste Anlage. Buckelquader weisen auf die erste Bauphase während der Stauferzeit hin. Die fünfgeschossige Westwand hat sich in voller Höhe erhalten. Der Zugang zum Wohnturm war ebenerdig, wurde aber durch eine vorgelegte Befestigung, eine Barbakane, besonders geschützt. Um die Kernburg wurde im 15. Jahrhundert eine Zwingermauer gelegt, deren drei halbrunde Ecktürme noch zu erkennen sind. Zur Ruine Altbodman gelangt man vom Ort in Kehren und einen Hohlweg aufwärts. Seitdem das Burgareal von störendem Pflanzenbewuchs befreit worden ist, präsentiert sich die Burgruine als weithin sichtbare Landmarke. Frauenberg und Altbodman sind durch das Wandernetz Bodanrück verbunden.

1499 griffen die Schweizer die Burg vergeblich an, beschädigten sie aber doch so, dass sie wieder aufgebaut werden musste. Der Wohnturm wurde weiter aufgestockt und mit Maul- und Schlüssellochscharten versehen. In der Endphase des Dreißigjährigen Krieges legten 1643 französische Truppen, die in Überlingen lagerten, nach einem Zechgelage Feuer. Die ausgebrannte Burg wurde nicht wieder aufgebaut. Die gräfliche Familie und Verwaltung nahm ihren Sitz dann ab 1760 in einem Schlossbau in Bodman, der 1873 abgebrochen wurde.

Das noch bestehende Herrenhaus im Ort war bereits 1831 bezogen worden. Das neue vierflügelige *Herrenhaus Bodman* ist eine spätbarocke und klassizistische Villa, die zu Beginn des 20. Jahrhunderts noch historizistisch überarbeitet wurde. In ihr wird übrigens der genannte dreibeinige Kupferkessel aufbewahrt. Als Sitz der gräflichen Familie steht das Schlösschen nicht zur Besichtigung frei. Hingegen darf man den terrassenförmig angelegten, im englischen Gartenstil gehaltenen Park werktags durchwandern. Der Seeblick vom gusseisernen Belvedere-Pavillon ist ein beliebtes Motiv. Malerisch wirkt auch das Bodmaner *Seetor* in den Grünanlagen an der Uferpromenade. Das Torhaus mit Wappenbemalung und windschiefem Fachwerkanbau stellt einen Teil der spätmittelalterlichen Ortsbefestigung dar. www.bodman-ludwigshafen.de

▲ Die Burg Alt-Bodman beherrscht den Bodanrück.
▼ Das Bodmaner Herrenhaus, ein stilvoller Edelsitz.

Rosa Schloss im Blütenmeer

Die Insel Mainau ist ein Publikumsmagnet des Bodensees – und das zu Recht. Blumen, Blüten und das Schloss bilden eine harmonische Einheit. Bis ins 13. Jahrhundert spielte sich auf dem Eiland nichts ab, was den Chronisten als besonders erwähnenswert erschienen wäre. Ein Reichenauer Ministerialengeschlecht »von Maginowe« wird 1242 genannt. Ihre Burg stand auf dem höchsten Punkt der Insel, wo sich heute das Schloss erhebt. Einer von ihnen schenkte die Mainau 1271 dem Deutschen Orden.

Und damit änderte sich die Situation auf der Insel schlagartig. Der Deutsche Ritterorden war schließlich eine der mächtigsten, adelsstolzesten und nicht zuletzt reichsten Institutionen im Römisch-Deutschen Reich. Seine Besitztümer erstreckten sich über ganz Europa. Im Reich selbst verwalteten sie mehrere Balleien (Ordensprovinzen), die sich ihrerseits aus Komtureien zusammensetzten. Mainau wurde zum Sitz eines Komturs innerhalb der prosperierenden Ballei Elsass-Burgund bestimmt. Die Ritter, allesamt dem deutschen Hochadel entstammend, machten sich umgehend daran, ein ihrem Rang und Selbstverständnis entsprechendes Bauwerk auf der Insel zu errichten: die Ordensburg Mainau. Merkwürdigerweise sind wir weder durch schriftliche Nachrichten noch durch zeitgenössische Abbildungen besonders gut über diese Burganlage unterrichtet – obgleich der Orden sicher die besten Baumeister der Zeit zurate gezogen hat und die Burg im damals zukunftsweisenden gotischen Stil erbaut wurde. Eine Zeichnung von 1449 zeigt eine wehrhafte Anlage mit Türmen und Zinnen sowie dem Hafen an der gleichen Stelle wie heute. Ein Relikt des Mittelalters ist der wuchtige quadratische *Comturey-Turm* direkt über dem Hafen. In seiner Grobschlächtigkeit und inneren Finsternis will er so gar nicht zum heiteren Barock des Neuen Schlosses passen. Seine unterirdischen Gewölbe reichen tief in den anstehenden Sandstein hinein. Heute ist im Turm der originelle Comturey-(Wein-)Keller untergebracht.

Gegen Mitte des 16. Jahrhunderts erfolgte ein Umbau zur Festung. Das Wüten der Bauern auf der Insel im Mai 1525 hat die Verteidigungsanstrengungen noch verstärkt. Wälle und Schanzen folgten der gesamten Uferlinie rund um die Insel. Der innere Inselrundweg folgt dieser ehemaligen Ummauerung. Von dieser neuzeitlichen Befestigung des 16. Jahrhunderts hat sich noch der dreigeschossige *Gärtnerturm* erhalten, ein wuchtiges Geschützrondell, dem im 19. Jahrhundert ein mehreckiges Dachgeschoss aufgesetzt wurde. Der Turm sicherte den

▲ Das Schloss auf der Blumen- und Blüteninsel Mainau. ▼ Vor hundert Jahren war die Fischerei vor der Insel Mainau höchst ertragreich.

INSEL MAINAU 1925

Torzugang. Die duftenden Rosenrabatten im Umfeld mildern seinen martialischen Eindruck erheblich. Der runde *Schwedenturm* diente der Beobachtung des Festlands gegen den Bodanrück hin. Den fantastischen Holzaufbau mit Dachhelm erhielt der Turm im 19. Jahrhundert.

Gegen Ende des Dreißigjährigen Krieges, 1647, rückten die Schweden unter ihrem berüchtigten Generalissimus Wrangel an. Von Meersburg aus stachen siebzehn mit Musketen ausgestattete Segelschiffe in See. Sieben Schiffe hielten mit ihrem Feuer die nur vierzig Mann zählende Burgbesatzung in Schach. Zehn Schiffe landeten und brachten Truppen und Geschütze auf die Insel. Mainau kapitulierte. Bis 1649 lastete die schwedische Besatzung auf der Insel. Die Legende will, dass die Schweden zuletzt auch noch eine bronzene Kreuzigungsgruppe (eine Arbeit von 1577) zum Zwecke des Einschmelzens herauszureißen versuchten. Doch gelang ihnen das trotz zwölf Paar Zugpferden nicht. Die Bevölkerung wertete dies als das Wunder und stellte das *Schwedenkreuz* am Eingang zur Insel auf, wo es noch heute prangt.

Auch wenn der Ritterorden im 18. Jahrhundert seine geistliche Aufgabe längst verloren hatte, bestand die Komturey weiterhin auf höfischer Repräsentation und glanzvoller feudaler Selbstdarstellung. Dem dienten Pläne zum vollständigen Neubau eines Schlosses auf der Insel. 1732 begann man mit den Arbeiten, die 1746 im Wesentlichen fertiggestellt waren. Entstanden ist ein lichtes *Barockschloss*, das eine gelungene Kombination aus Herrschaftsarchitektur, Komfort und Zweckbau darstellt. Die dreiflügelige, dreistöckige Anlage umschließt einen dezenten Ehrenhof. Nur der Mittelpavillon zeigt Anklänge barocken Prunks, wobei ausladende Wappenreliefs und ein energisch gezacktes Gesims ins Auge fallen. Der zartrosa Außenanstrich, ein Markenzeichen des Schlosses, dürfte auf die Konzeption des Baumeisters Johann Kaspar Bagnato zurückgehen. Wappensaal im Erdgeschoss und »Weißer Saal« im Obergeschoss des Hauptgebäudes erstrahlen im Rokokoglanz und wurden im 19. Jahrhundert erneuert. Die separat neben dem Schloss stehende *Marienkirche* empfing ihre Weihe im Jahr 1739. Im Inneren dominiert barocke Farbigkeit und Bewegtheit. Wie auf einer Bühne ist das Zentralthema, die Himmelfahrt Mariens, inszeniert.

Etwas unübersichtlich gestalteten sich die Besitzverhältnisse nach der Aufhebung des Ordens in der Säkularisation von 1805. Im Jahr 1853 erwarb Großherzog Friedrich von Baden Schloss und Insel und begann mit der Anlage eines Landschaftsparks mit Rosengarten, exotischen Gewächsen und dem Arboretum, einer Baumsammlung von 500 Arten aus allen Kontinenten. Alle seine Nachfolger und Nachfolgerinnen auf Mainau widmeten sich dem Gartenbau und verwandelten die Insel in ein »Blumen- und Blütenmeer im See«. Über das Adelshaus Baden kamen mit der schwedischen Königin Viktoria 1924 erneut die Schweden auf die Insel – allerdings in friedlicher und diesmal willkommener Absicht. www.mainau.de

Ordenshochmeister Clemens August von Bayern verwandelte die Insel Mainau in ein fürstliches Gesamtkunstwerk.

Von Federvieh umflattert

Bei Möggingen liegt hinter dichtem Baumbestand und Buschwerk die gleichnamige Wasserburg inmitten eines von Seerosen bedeckten Teichs. Richtig verwunschen wirken ihre von Pflanzen aller Art überrankten Mauern. Im Burghof watschelt, flattert und krakeelt allerlei Federvieh. Kommt man zur rechten Zeit, wirft der Schwarzstorch auf dem Torturm seinen Hals zurück und klappert entrüstet.

Die Burg dient als Vogelschutzwarte und wissenschaftlicher Beobachtungsposten der Max-Planck-Gesellschaft für Verhaltensforschung. Seit 1946 übernimmt sie die Aufgabe der Vogelwarte Rossitten im ehemaligen Ostpreußen. Hier werden Zugvögel beringt oder mit Mikrosendern versehen, um ihre Bewegungen über die Kontinente hinweg verfolgen zu können.

Die Burg Möggingen erscheint zwar erst 1363, 1367 und 1378 in den Urkunden, ist aber nach ihrer Bauform zu schließen sicher älter und entstammt wie die umliegenden Burgen dem hohen Mittelalter. Die Erbauer waren Lehensträger des Klosters St. Gallen. Das Lehen wurde im 14. Jahrhundert von den benachbarten Herren von Bodman übernommen, welche die Burg Mitte des 15. Jahrhunderts in gotischen Formen ausbauten. Aus dieser Zeit stammt der beeindruckende Torturm mit spitzbogigem Durchlass und drohendem »Machiculus« (Wurferker) über dem Eingang.

Was Möggingen für den Burgenfreund so interessant macht, ist die fast noch in ursprünglicher Höhe erhaltene Ringmauer aus grobem Gestein. Wie mögen sich die Burgbewohner hier gefühlt haben? Hinter einem zehn Meter hohen Steinwall wird man sich zwar einigermaßen sicher, aber doch auch sehr beengt vorgekommen sein. Wie aus älteren Abbildungen hervorgeht, diente als Hauptgebäude ehedem ein Wohnturm von großen Ausmaßen, der aber im 16. Jahrhundert abgetragen worden ist.

Das hell verputzte wohnliche Herrenhaus mit dem sechseckigen Treppenturm entstammt dem späten 16. Jahrhundert. Nach Zerstörungen im Dreißigjährigen Krieg wurde es wieder aufgebaut und dient bis heute als zeitweiliger Wohnsitz der Barone von Bodman. www.burgenwelt.org/deutschland/moeggingen/object.php

Torturm und Ringmauer der Burg Möggingen sind noch in voller Höhe erhalten.

Schopflen.
66

Mönchische Mauern

Wer die Reichenau besucht, hat zuerst die Kirchen- und Münsterbauten zu Ober-, Mittel- und Niederzell mit ihren karolingischen und ottonischen Fresken im Auge. Die »Reiche Au« verstand sich wohl als »feste Insel«, aber nicht im profanen, sondern im sakralen Sinne. Abt Walafried Strabo drückte diesen Anspruch ums Jahr 845 in Latein aus, die deutsche Nachdichtung Paul von Winterfelds lautet: »Rings von Wassern wild umbrandet / stehst du fest, ein Fels der Liebe, / streuest weit und breit der Lehre / Samenkörner, sel'ge Insel.« Aber so ganz ohne weltlichen Schutz kamen die Mönche nicht aus. Alemannisch wird das wie folgt ausgedrückt: »An guater Hag (Zaun, Mauer) isch dr bescht Nachbar.«

So passieren wir schon auf dem Damm, der vom Festland bei Hegne hinüber zur Insel führt, linkerhand ein altersgraues Gemäuer: die Burgruine Schopflen. Sie sperrte einst den Bereich der Abtei Reichenau gegen das Festland ab. Bis 1838, als der Damm aufgeschüttet wurde, lag sie auf einer eigenen Insel. Die Burg wurde von Abt Konrad von Zimmern um 1240 als Steinbau errichtet und sollte den geistlichen Herren in unsicheren Zeiten auch zur Unterkunft dienen. 1247 wird sie Castrum Scopula genannt, was vermutlich auf einer Verballhornung von lateinisch »specula« (Ausguck) beruht.

Ihr Untergang ist insofern bemerkenswert, als er auf Zwistigkeiten um Fischereirechte im Untersee zurückzuführen war. Petrijünger lassen offenbar nicht mit sich spaßen, wenn es um die Abgrenzung der Fischrechte geht. 1365 geriet der Reichenauer Cellerar (Kellermeister) Mangold von Brandis mit den Fischern des Klosters Petershausen (in Konstanz jenseits des Seerheins gelegen) in Streit. Diese verbündeten sich mit einflussreichen Konstanzer Bürgern und zerstörten die Burg anno 1369. Offenbar wurde sie nur notdürftig mit Fachwerk- und Holzbauten wieder ausgebessert. Nach Ausweis der heutigen Ruine muss Schopflen ein repräsentatives Bauwerk gewesen sein. Das noch bis neun Meter aufsteigende massive Mauerwerk aus Buckelquadern und »Bollen« (behauenen Großkieseln) repräsentierte »römischen Herrschaftsanspruch«. Die Fensternischen im oberen Stockwerk belichteten einen weiträumigen Saal.

Das Ruinengeviert birgt heute eine wissenschaftliche Vogelwarte. Ihr dient die Aussichtsplattform, die einen weiten Blick über das Wollmatinger Ried, den Gnadensee und auf das Schweizer Ufer gewährt. Wanderer und Radfahrer erreichen die Ruine auf dem von Pappeln gesäumten Philosophenweg. Besonders bei Wellenschlag und Sturm vermittelt ein Gang von Konstanz über den Gnadensee hinüber auf die Reichenau noch ein ganz besonderes Inselgefühl. www.alleburgen.de/bd.php?id=11700

▲ Die Fischer blieben siegreich, verkündet der Stich von Friedrich Pecht, 1832.
▼ Die alten Mauern beherbergen heute eine Station für Ornithologen (Vogelkundige).

Des Dichterfürsten Alterssitz

Kurz vor Radolfzell stößt die flache Halbinsel Mettnau, dreieinhalb Kilometer lang und 800 Meter breit, in den Zellersee vor. Sie birgt eines der ältesten Naturschutzgebiete des Bodenseeraums. Ein verwunschener Pfad durchbricht das Röhricht und endet an der Spitze mit Blick auf die kleine Liebesinsel. Der Ausgangspunkt der kleinen Wanderung ist das »Scheffelschlösschen«.

Joseph Viktor von Scheffel (1826–1886), der Schöpfer des romantischen Epos »Ekkehart«, das im Hegau und am Untersee spielt, verbrachte hier von 1880 bis 1886 seine letzten aktiven Lebensjahre. Zu seiner Zeit galt Scheffel als der meistgelesene Schriftsteller deutscher Sprache. Sein Schlössle war ursprünglich ein Rebhaus, an welches er noch einen Turm und einen Erker im Stil der »deutschen Renaissance« anfügen ließ. An den Dichterfürsten erinnert ein kleines Gedenkzimmer.

Seine Verbundenheit mit dem nahen Radolfzell goss der Dichter in folgende Verse: »Vergnüglich sitzt man am Strande fest / und vergißt den Koffer zu packen; / o Radolfzell, du altes Nest / mit deinen Mauerwacken!« Ein wahrlich treffender Spruch, hat Radolfzell doch sein historisches Stadtbild mit dem vierschrötigen Schützentorturm und dem Höll- und Pulverturm gut bewahrt. Heute dient das Scheffelschlössle als Sitz der Kurverwaltung mit Lesesaal und erwünschten touristischen Einrichtungen. In Scheffels rustikal eingerichtetem Kaminzimmer befindet sich das Standesamt.

Scheffel war seit 1876 Ehrenbürger der Stadt Radolfzell und hatte sich bereits von 1871 bis 1873 die Villa Seehalde im italienischen Stil erbauen lassen. Der Dichter sprach zwar von einem »bescheidenen Wohnhaus, das er idyllisch einzurichten« beabsichtigte, doch entstanden ist ein kleiner Palast im italienischen Stil. Seehalde bildet heute das vornehme Zentrum der Kurklinik.

Scheffels historische Werke scheinen besonders beim weiblichen Publikum gut angekommen zu sein. So schrieb er 1879 in einem Brief, dass ein »Mädchenschwarm poesiebeflissener Pensionatstöchter« in seinem bis zum Seeufer reichendem Park »alles, bis auf einen Pfirsich gepflückt« habe.

www.bodenseewest.eu/attraktion/scheffelschloesschen-auf-der-halbinsel-mettnau

Das Scheffelschlössle dient heute der Kurverwaltung und als Hochzeitslocation.

1620 ERBAUT RENOV 1842 u 1921

Stadtschlösser der Herrschaften

Inmitten der Altstadt fallen zwei stattliche Gebäude ins Auge, die für die Geschichte des Bodenseegebiets und des Hegaus von herausragender Bedeutung waren. Von 1298 bis 1805 stand Radolfzell unter habsburgisch-österreichischer Herrschaft und bildete somit einen Teil des »vorderösterreichischen Fleckenteppichs«.

An das österreichische Stadtregiment erinnert das feine Österreichische Schlösschen gleich neben dem Münster. Seine heutige Form in gediegener Renaissance mit fein gearbeitetem Portalbogen und hoch ragendem Staffelgiebel hat es 1619 als Sitz des österreichischen Erzherzogs Leopold V. erhalten. Zwei Erkertürmchen mit welschen Hauben flankieren seine Fassade. Das österreichische Stadtschloss beherbergt heute in seinem Inneren die moderne Stadtbibliothek von Radolfzell.

Inmitten der Bebauung um den Münsterplatz zieht das *Ritterschaftshaus* durch seine schiere Größe die Blicke auf sich. 1427 erwählte sich die Hegauer Ritterschaft und ihr »Bund unter dem Georgenschild« Radolfzell als Versammlungsort. Für die Stadt bedeutete das einerseits gute Einnahmen, denn die Herren Ritter pflegten nach ihren Zusammenkünften große Rechnungen, besonders für Wein, zu hinterlassen, andererseits aber auch diverse Unannehmlichkeiten, da der Ritterbund keinem Streit aus dem Weg ging und auf seine althergebrachten Rechte pochte. Von den Bürgern wurde dies allerdings als Raubrittertum und »Heckenreiterei« beurteilt. Tumulte der Herrschaften mit den Habsburgern, den Reichsstädten und Bischöflichen waren deshalb an der Tagesordnung. 1441 führten die Umtriebe des Ritterbundes dazu, dass der Schwäbische Städtebund ultimativ die Öffnung der Stadttore und den Anschluss Radolfzells einforderte. Auch ging den arbeitsamen Radolfzellern das unmäßige »eitel Sauffen und Treiben« der Junker mitunter auf die Nerven. 1525 entlud sich der Zorn der Bauern im Hegau gegen deren zahlreiche Kleinherrschaften. Fluchtartig zogen sich die maulheldischen Ritterbündler nach Radolfzell zurück und verschanzten sich in ihrem Ständehaus, bis der Sturm nach zwei Monaten vorüber war.

Die heutigen Bauten entstammen dem 17. Jahrhundert, nachdem Junker Hans von Schellenberg der Adelsgesellschaft 1609 das Gebäude »zu bequemer Tractierung ihrer Handlungen« geschenkt hatte. Die Freitreppe und das barocke Prunkportal sind Zeichen des Selbstverständnisses der Reichsritter. Auf einem Treppentürmchen im Innenhof erinnert eine eiserne Windfahne an St. Jörg, den Schutzpatron der Hegauer Ritterschaft. Das Ritterschaftshaus bildet mit dem Rathaus eine bauliche Einheit und dient heute als Amtsgericht. www.radolfzell.de

▲ Das adelige Ritterschaftshaus wurde von den Bürgern mitunter als Fremdkörper empfunden. ▼ Das österreichische Wappen kündet von der habsburgischen Oberhoheit.

Homburg

Von einer Schildmauer geschützt

Von Stahringen geht es beschildert ziemlich steil bergauf zur Ruine Homburg. Die Vorburg, der sogenannte Schlosshof, wird von umfangreichen Ökonomiegebäuden neueren Datums eingenommen. Bereits von hier erkennt man die mächtige Silhouette einer Schildmauer. Auf einem schmalen Pfad durch Gehölz wird die etwas höher auf einem Nagelfluhfelsen gelegene Burgruine erreicht.

Die drei Meter starke Außenmauer schloss den Burghof wie ein Schild gegen die Hochebene hin ab. Solche gewaltigen Bauwerke sind typisch für das späte 12. und das 13. Jahrhundert. Mauerwerk aus Buckelquadern, wie sie in der Stauferzeit als Zeichen der »alten, römischen Herkunft« Verwendung fanden, ist in eindrucksvollen Ausmaßen noch neben dem Burgtor sichtbar. Im 15. Jahrhundert wurde der Palas, das Wohngebäude, an die innere Seite der Schildmauer angefügt. Ein Holzsteig führt heute hinauf zur Mauerkrone auf elf Metern Höhe und einer kleinen Aussichtsplattform, die einen schönen Blick hinüber zum Mindelsee und zum Bodanrück bietet.

Eine Informationstafel mit Lageplan am Burgtor klärt uns über die Geschichte auf: Herren von Homburg oder Hohenburg sind vom 12. bis ins 16. Jahrhundert bezeugt. Die »Homburch« selbst erscheint 1162 in einem schriftlichen Zeugnis als Lehen des Konstanzer Bischofs. Seit 1465 standen die Homburger in österreichischen Diensten. Daher war ihre Burg 1499 das bevorzugte Angriffsziel der Schweizer, die sie eroberten und »ausbrannten«. Doch wurde sie bald wieder aufgebaut. 1612 übernahm das Stift St. Gallen die kleine Herrschaft Homburg-Stahringen.

Während des Dreißigjährigen Krieges wurde die Burg 1632 zuerst von den Württembergern besetzt und zehn Jahre später vorsorglich von der Besatzung des Hohentwiels zerstört, um sie nicht intakt in die Hände der Kaiserlichen oder Habsburgischen fallen zu lassen. Als Folge verlegten die St. Galler Pfleger ihren Amtssitz hinunter nach Stahringen. Die Burg droben blieb dem Verfall und dem Steinraub überlassen. Natur ist schön und gut, aber sie sollte nicht unbedingt Baudenkmäler überwuchern und sie so zu Fall bringen. www.radolfzell-tourismus.de/attraktion/burgruine-homburg

Die Homburger Schildmauer, ein zwanzig Meter hohes Bollwerk, erwies sich gegen die Schweizer 1499 als nutzlos.

Einzige erhaltene Hegauburg

Da diese historische Stätte unter dem Namen Friedinger Schlössle als Ausflugsgasthof bekannt ist, erscheint der Hinweg von allen Seiten gut beschildert. Man passiert dabei den Schlosshof, den alten Bau- und Wirtschaftshof der Burg. Von hier erschließt sich ein erster Blick auf die mit Efeu umrankte Schauseite der Burg mit ihren pseudoromantischen Rundbogenfenstern.

Die durch einen Halsgraben abgeteilte Spornlage und der regelmäßige rechteckige Grundriss der Burg erinnern an die staufischen Ursprünge im letzten Viertel des 12. Jahrhunderts. Erhalten haben sich auch die bis acht Meter hohen Ringmauern und ihre Eckfassung mit Buckelquadern. Sie umschließen einen engen, länglichen Burghof. Die Edlen von Friedingen waren zuerst Vögte der Abtei Reichenau und standen seit dem 14. Jahrhundert in habsburgischen Diensten. Ihre Burgen, zu denen auch die benachbarte Burg Hohenkrähen zählte, hatten sich in mehreren »Friedinger Fehden« zu bewähren. Gegner waren die Grafen von Württemberg, die notorischen Schweizer sowieso und zuletzt noch der mächtige Schwäbische Städtebund. Als die Eidgenossen 1499 angerückt waren, sprengten sie das Tor auf und plünderten die Burg aus. Das war ihnen umso leichter gefallen, als sich die in der Burg hausende Besitzerfamilie seit Langem derart in den Haaren gelegen war, dass sie ihre Anteile an alle möglichen Vorteilsnehmer verkauft hatte. Und dazu befehdeten sich die Friedinger auch noch untereinander. Kein Wunder, hatten sie doch das beengte Burggelände besitzmäßig unter sich aufgeteilt! 1539 erstand die Stadt Radolfzell Burg und Herrschaft Friedingen und erweiterte damit ihr »Weichbild« bis in den Hegau hinein. Damit brachen friedlichere Zeiten an.

Aber 1635 und 1642 finden wir auch Hohenfriedingen unter den von Konrad Widerholt zerstörten Burgen im Umkreis der Festung Hohentwiel. Die während des Dreißigjährigen Krieges erlittenen Schäden wurden 1651 von der Stadt Radolfzell behoben. Seit 1915 besteht eine Wirtschaft im Rittersaal der Burg, der dafür im »Heimatstil« als »Ahnensaal« ausgebaut wurde. Nach dem Ersten Weltkrieg mietete der »Wandervogel« einen Teil der Burg an. Der »Wandervogel« zählte zu den nationalromantischen Jugendbewegungen, die das Heil Deutschlands rückwärtsgerichtet in einem verklärten ritterlichen Mittelalter sahen. Dementsprechend wurde Hohenfriedingen nun renoviert. So entstammen die hübschen »Biforienfenster« mit den romanischen Säulen und Kapitellen keineswegs der Stauferzeit, sondern den jugendbewegten 1920er-Jahren. Ob echt oder nachempfunden – hier ist jedenfalls ein Ambiente zu finden, das mit jedem Achtele ein bissle echter wirkt. www.friedinger-schloessle.de/Friedinger-Schloessle/

Außen drohend und abweisend, aber innen gastlich und einladend: das Friedinger Schlössle.

Festung Hohentwiel

Wo Widerholt Widerstand wagte

Der gesamte Hegau steht im Bann und im Sichtfeld des allgewaltigen Hohentwiels. Der schroffe Berg ist ein erstarrter vulkanischer Schlotkern aus härtestem Klingstein. Das Berggelände wird heute auf fast zehn Hektar von der »größten Ruine Deutschlands« eingenommen, besteht aber aus mehreren nacheinander entstandenen Bauwerken, die sich auch in ihrer Funktion unterschieden haben.

Bereits für 914/915 wird eine Befestigung erwähnt. Ihre Anlage erfolgte im Zusammenhang mit der Wiedererrichtung des schwäbischen Herzogtums. Burkhart III. von Schwaben, der von 954 bis 973 regierte, erbaute auf dem Berg die Herzogspfalz. Burkharts Gemahlin Hadwig (gestorben 994) ist in Viktor von Scheffels Roman »Ekkehard« verewigt worden. Scheffel schilderte darin mit feiner Ironie den »amour fou« der Herzogswitwe zum jungen Mönch Ekkehard. Die Burg Hohentwiel hat der fantasiebegabte Schriftsteller in seinem Werk allerdings im Stil einer Fürstenresidenz des 15. Jahrhunderts auferstehen lassen. Der Herzog hatte die Umwandlung der Pfalz in ein Kloster eingeleitet, das um 970 eingerichtet wurde. Nach Herzogin Hadwigs Ableben wurde das Herzogtum von Kaiser Heinrich II. eingezogen. Er ließ das Benediktinerkloster nach dem Jahr 1005 vom windumtosten Berggipfel hinunter in die lieblichen Gefilde bei Stein am Rhein verlegen.

Während des Investiturstreits erscheint wieder eine Burg auf dem Hohentwiel, die 1086 von den Kaisertreuen erobert wurde. Als Besitzer werden vom 12. bis ins 15. Jahrhundert verschiedene Hegauer Geschlechter genannt, so die Herren von Singen, die von Klingen und die Klingenberger. Die Klingenberger waren im 15. Jahrhundert Doppelvasallen, das heißt, sie dienten zwei Herren, nämlich den Habsburgern und den Württembergern. Wenn alles gut ging, war das ein sehr einträglicher Zustand. Aber beide Parteien beanspruchten das Öffnungsrecht der Burg Hohentwiel. 1519 setzte Herzog Ulrich von Württemberg die Klingenberger vor das Burgtor und ließ die mittelalterliche Burg zu einer neuzeitlichen Festung umbauen und mit Artillerie und 500 Mann Besatzung versehen. Durch Kauf legalisierte Herzog Ulrich 1538 diese Maßnahmen gegenüber den Habsburgern.

Die Gipfelburg wurde bis 1554 zu einer dreiflügeligen repräsentativen Renaissanceanlage um einen Innenhof umgewandelt. Bis 1593 wurde der Hohentwiel als Landesfestung zu einer »unbezwingbaren Burg des Protestantismus« ausgebaut. Sie wurde während des Dreißigjährigen Krieges fünfmal belagert – und zwar erfolglos! Kommandant war der legendäre Obrist Konrad Widerholt (1598–1667), der sich 1638 auf eigene Faust weigerte, die Festung den Kaiserlichen zu überlassen. 1639 eroberten kaiserliche und kurfürstlich bayerische Truppen zwar die untere Burg, wurden aber wieder hinausgeworfen. Im nächsten Jahr plünderte Widerholts

Von oben herab: Rondelle und Bastionen der Festung.

A. Das Fürstlich Hause.
B. Das Zaighause.
C. Die Hochwacht.
D. Handt und Roßmühlen.
E Cantzley.
F. Marstall.
G. Der Vorhoff.
der Vestung Hochen Twiel.

Truppe die gesamte Umgebung aus und zerstörte die Burgen der Umgebung, um den Feinden keine Stützpunkte zu bieten. Dem Kommandanten standen aber auch tüchtige Fouragier- und Kellermeister zur Verfügung, welche die Vorräte umsichtig einlagerten und verwalteten. In drei Zisternen wurde Wasser gesammelt. Auf dem Hauptturm drehte sich eine Windmühle mit horizontaler Laufrichtung und lieferte Mehl an die Festungsbäckerei.

Die Festung blieb zwar während der Erbfolgekriege des 18. Jahrhunderts immer gut verproviantiert und mit einer Garnison von bis zu 300 Veteranen ausreichend bemannt, doch geriet sie in den Kabinettskriegen des absolutistischen Europa in eine strategische Abseitslage. Besser eignete sie sich nun als württembergisches Staatsgefängnis und beherbergte in ihren Mauern zum Beispiel von 1759 bis 1764 den berühmten Staatsrechtler Johann Jakob Moser. Während des napoleonischen Zweiten Koalitionskrieges stieß ein Teil der französischen Rheinarmee von Stein am Rhein gegen den Hohentwiel vor und erzwang im Mai 1800 die Kapitulation. Im August begann man – angeblich auf direkten Befehl Napoleons – mit der Schleifung der Festungsmauern. Militärisch war die systematische Zerstörung des Hohentwiels nicht notwendig, aber man vernichtete damit ein Symbol des »alten Europa«.

Die gängigen Bezeichnungen »Ekkehardsturm« und »Klosterbau« beziehen sich auf Gebäude des 16. Jahrhunderts und dienen der Erhöhung der Romantik. Auch die hochmittelalterliche Burg auf dem Gipfel ist nur in wenigen Mauerzügen unter dem Herzogsschloss präsent. Den höchsten Turm des Hauptschlosses ließ Widerholt zur Erlangung ewiger Gnaden 1643 zu einem Kirchturm umfunktionieren. So wird der ausgehöhlte Viereckturm noch heute genannt.

Durch den Stadtgarten von Singen und über die Scheffelbrücke gelangt man zu Fuß steile 260 Meter aufwärts in gut eineinhalb Stunden auf den Gipfel. Über Alexander-, Ludwigs- und Eugenstor erreicht man zuerst die untere Burg mit Mannschaftskasernen, Offizierswohnungen, Marketenderei, Remise, der Bäckerei und der Apotheke. In der Remise befindet sich ein umfangreiches Informationszentrum mit einem übersichtlichen Modell der Festung. Über zwei Zugbrücken (dazwischen das Wachhaus »Wer da!«) gelangt man auf der kühn ansteigenden Pflasterstraße zum Schmiedefelsen (Friedrichsbastion) und dann durchs Neue Portal auf den inneren Waffenplatz. Direkt vor uns erhebt sich der ehemalige Fürstenbau mit Gewölben. Vom Innenhof geht man einige Stufen hinab zur Rundbastion Augusta, deren Mauermasse den gesamten Westabhang des Burgfelsens beherrscht. Den Kirchturm mit Aussichtsplattform kann man besteigen. Auf dem östlichen, tiefer gelegenen Burgplateau schließen sich Kasernengebäude, das Zeughaus und das Gefängnis an. www.festungsruine-hohentwiel.de

Konrad Widerholt, Festungskommandant im Dreißigjährigen Krieg, für die einen der Retter der protestantischen Sache, für die anderen ein übler »Renner und Brenner«. Zeitgenössischer Stich im Stadtarchiv Singen.

Heute friedlicher Storchensitz

Am Fuß des schroffen Schiener Berges liegt das Örtchen Bohlingen mit seinem charakteristischen Rundturm, der weit ins Umland blickt. Bohlingen schaut auf eine abwechslungsreiche Geschichte zurück. Seit dem 12. Jahrhundert war es Besitz des Bistums Konstanz mit verschiedenen Besitztiteln des Domstifts.

Als Lehensträger traten nach den zu Anfang des 14. Jahrhunderts ausgestorbenen Bohlingern die Homburger, die Sulzer und die Lupfener auf. 1512 erschien die Burg Bohlingen als »Baltzbronn-Schloss« in einer Urkunde. 1535 fand ein Neubau statt, doch 1640 wurde Bohlingen zusammen mit etlichen anderen Hegauburgen von der Festungsbesatzung des Hohentwiels geschleift. Die verbliebenen Steine verbaute man Ende des 17. Jahrhunderts dann im barocken Neubau der Kirche St. Pankratius.

Erhalten hat sich der runde, heute dick geweißelte dreigeschossige Turm mit Storchennest auf dem Spitzhelm. Er misst zehn Meter im Durchmesser und verfügt über zwei Meter starke Mauern, aus welchen Schießscharten für Hakenbüchsen herauslugen. Für seine Wehrfunktion spricht auch der Eingang in Höhe des ersten Stockwerks, der früher nur über eine schwankende Leiter erreichbar war. Der Wappenstein über dem gotischen Hochportal weist auf Graf Alwig von Sulz hin, dessen Todesdatum – 1493 – bekannt ist.

Die Gemarkung der ehemaligen Feste auf der »Bohlinger Burghalde« über dem Dorf ist noch klar zu erkennen. Die Pfarrkirche als ehemalige Burgkirche steht mitten darin. Den runden »Storchenturm« kann man von außen besichtigen. Ein kleiner Rundgang auf dem Hochplateau vermittelt einen Eindruck vom Ausmaß der einstigen Burganlage. www.alleburgen.de/bd.php?id=11603

Die Konstanzer Bischöfe verfügten über umfangreichen Lehensbesitz im unteren Bodenseegebiet. Bohlingen war eine ihrer wichtigsten Burgen.

Von Schünau
Schwaben
Schwaben

Schrotzburg

Ein Piratennest am Untersee

Von Bohlingen aus gesehen baut sich der Schiener Berg wie ein gewaltiger Querriegel auf, der den Blick nach Süden und den Zugang zum Untersee versperrt. Über 600 Meter hoch erhebt sich der gebirgige, größtenteils bewaldete Kamm. Durch die Bohlener Schlucht ist der Anmarsch zu Fuß zum Gipfel am eindrucksvollsten. Auf 693 Meter Höhe erhob sich einst die Schrotzburg.

Hohe Erdwälle und tief eingeschachtete Gräben im Umkreis der Burg lassen auf eine großräumige frühmittelalterliche Anlage, vielleicht eine Fliehburg aus der Zeit der Ungarneinfälle schließen. Der nach einem Ungetüm klingende Burgname soll von einem fränkischen Grafen Scrot des 9. Jahrhunderts stammen. Im 12. Jahrhundert entstand auf dem höchsten Bergsporn dann die Burg der Herren von Schienen, die Dienstmannen der Reichenauer Äbte waren.

Im 15. Jahrhundert eskalierten die Streitigkeiten zwischen den aufstrebenden Bürgerstädten und den Hegauer Rittern, die sich in ihren alten Vorrechten immer mehr eingeschränkt sahen. Werner von Schienen auf Schrotzburg war einer derjenigen, die ihr »altes Recht« mit der Waffe einzufordern versuchten. Kein Wunder, dass ihn die mit Handel und Handwerk beschäftigten Bürger als Raubritter oder Strauchdieb bezeichneten, als er Handelszüge überfiel und sogar noch mit bewaffneten Schiffen Seeräuberei auf dem Bodensee betrieb. Ein besonderer Coup war die Beschlagnahme von Lastkähnen mit Ulmer Gütern, deren Abtransport die Kapazitäten der Hegauer Ritter überforderte. Damit war das Maß endlich voll. Im Oktober 1441 schickte der Schwäbische Städtebund einen Söldnertrupp zur Schrotzburg und ließ sie nach dreitägiger Belagerung in Brand stecken.

Ein Wiederaufbau der Burganlage erfolgte nach dieser Radikallösung nicht mehr. Entsprechend wenig Mauerreste treffen wir an. Ein Turmstumpf ragt wie ein zersplitterter Drachenzahn sieben Meter in die Höhe. Doch wirkt der Burgplatz allein durch seine Höhenlage auf dem Scheitel zwischen Hegau und Untersee irgendwie magisch. Der ehedem ungehemmte weite Blick über See, Land und Berge ist heute allerdings durch dichten Baumbestand verdeckt. Ein schönes Panorama genießt man indes von der etwas unterhalb der Ruine gelegenen Bergkapelle Maria auf Schrotzburg. www.oehningen-tourismus.de/attraktion/ruine-schrotzburg

Das Adelswappen der Herren von Schienen mit Stern, Turnierhelm und Grafenhut.

Oberstaad

Uferburg auf der Höri

Die Halbinsel Höri gewährt schöne Ausblicke auf den Zellersee, die Reichenau und den Untersee. Nicht umsonst feierte Viktor von Scheffel die Höri mit ihren Gefilden von Moos, Ried und Obsthängen als »vom Weltenschöpfer ein Meisterwerk«. Das Gestade am Untersee säumten mehrere Burgbauten der Reichenauer Äbte und der Konstanzer Bischöfe. Die Höri hat ja ihren Namen von dem den geistlichen Herren »g'hörendem Gebiet« erhalten.

Zu nennen sind die ehemaligen Uferburgen Hornstaad, Gaienhofen und Kattenhorn. Sie haben aber im 19. Jahrhundert ihren wehrhaften Burgcharakter verloren und wurden zu privaten Herrenhäusern umgestaltet. Einer schön erhaltenen Uferburg begegnen wir in Oberstaad, wo der Untersee in den Rhein übergeht. Das mächtige, mit zehn mal elf Metern Grundfläche fast rechteckige Turmhaus mit fünf Stockwerken weist ins hohe Mittelalter. Es steht frei inmitten des Burghofs. Auf der Seeseite erkennen wir noch den ehemaligen spitzbogigen Hocheingang ins erste Stockwerk. Ein gotisches Fenster an der Ostseite könnte auf eine Kapelle hinweisen.

Erbauer waren die Herren von Klingen um 1250. Der Turm stand inmitten einer massiven Wehrmauer, die von einem Wassergraben umzogen war. Die regelmäßige Anlage lässt den Schluss auf einen Kastelltyp zu. Seinen eindrucksvollen spätgotischen Staffelgiebel hat der Wohnturm nach 1499 erhalten. In diesem Jahr nämlich erschienen die Eidgenossen vor den – damals ausgetrockneten – Wassergräben, welche die Burg zur Landseite hin schützen sollten, und zwangen die zwölf Mann Besatzung zur Übergabe. Vor ihrem Abzug legten sie dann Feuer.

Die Besitzer, Angehörige des Konstanzer Stadtpatriziats, bauten die direkt am Wasser gelegene Burg aber wieder auf. Nach wechselnden Besitzverhältnissen dienten die Burggebäude im 19. Jahrhundert als Färberei und als Trikotagenfabrik. Dabei wurde die Ringmauer abgebrochen. Nur ein Teil hat sich im später errichteten westlichen Wohntrakt erhalten. Ein ungeklärter Mordfall im Schloss erregte 1827 Aufsehen. 1969 erwarb die Firma Jacques Schiesser Burg Oberstaad und richtete nach umfänglichen Renovierungen hier ihr Ausbildungszentrum ein. In die Neubauten wurden dabei zahlreiche historische Architekturteile integriert. 2001 erfolgten der Verkauf und die Umwandlung zu einem Hotelbetrieb mit Ferienwohnungen. Man kann aber wohl dezent in den Park hineinlugen. Auch vom Uferweg mit dem Zollhaus (Kiosk) und vom Landungssteg hat man den unverputzten Wohnturm gut im Blickfeld. www.alleburgen.de/bd.php?id=11678

▲ Der mächtige Burgturm lugt hinter dem Wohngebäude hervor. ▼ Eine Lädine, ein Handelsschiff, nähert sich der Burg Oberstaad. Gemälde von Julius Fibinger, 1858.

Altenklingen
Hohenklingen

Malerischer Schweizer Grenzort

Wie auf einem altdeutschen Gemälde erscheinen das Schweizer Städtchen Stein am Rhein und hoch darüber die Burg Hohenklingen. Stadt und Burg verdanken ihre Existenz dem Benediktinerkloster St. Georgen, das von Kaiser Heinrich II. nach 1007 vom Hohentwiel ans verkehrsgünstiger gelegene Rheinufer neben den Marktort Stein verlegt wurde.

Dort befand sich anstelle der alten Römerbrücke ein reger Rheinübergang. Die Siedlung auf der Nordseite wurde bereits 1094 als »munitio« (Befestigung) erwähnt und erwarb 1267 Stadtrechte. Die Burg Hohenklingen diente als Sitz der Klostervogtei. Dieses einflussreiche Amt hatten zuerst die Herzöge von Zähringen inne, unter denen die Burg um 1100 gegründet worden ist. Ihnen folgten nach 1218 die edelfreien Herren von Klingen nach, die in der ersten Hälfte des 13. Jahrhunderts den viereckigen Hauptturm der Burg erbauen ließen. Bis zur Mitte des 15. Jahrhunderts beherrschten die Klingener in verschiedenen Linien von der Burg aus ein stattliches Territorium. Ein berühmter Vertreter war der Minnesänger Walter von Klingen, dessen Lebensdaten von 1235 bis 1286 bekannt sind. Besonders lukrativ gestalteten sich Brückenmaut und Wasserzoll. Doch verschuldeten sich die Herren und sahen sich seit 1359 in mehreren Etappen gezwungen, ihren Besitz und ihre Rechte zu verkaufen. Nutznießerin war die Stadt Stein, die 1457 die Burg samt Herrschaft erwarb und damit an Rechten einer Freien Reichsstadt gleichkam. Die Burg wurde zum Amtssitz eines städtischen Verwalters.

Stein trat der Schweizer Eidgenossenschaft bei und unterstellte sich 1484 dem Schutz, aber auch der Oberherrschaft Zürichs. Im Schwabenkrieg von 1499, der zahlreichen Burgen im Hegau und am Untersee den Untergang brachte, wurden Burg und Stadt von den verbündeten Zürchern besetzt und dienten als wichtiger eidgenössischer Waffenplatz. Auch in der Folgezeit behielten Stein am Rhein und Burg Hohenklingen ihre strategische Funktion als Grenzwacht gegen das Reich. Das Kloster St. Georgen wurde in der Reformation 1525 aufgehoben und fiel an Zürich. 1633 erschienen die Schweden. Nur die Gewährung freien Durchzugs zum Angriff auf Konstanz bewahrte Stein und Hohenklingen wie auch die am jenseitigen Ufer liegenden Burgen Neuburg, Steckborn und Gottlieben vor der Zerstörung. Bis 1838 hauste noch ein städtischer Amtmann auf der Burg Hohenklingen, dem in erster Linie die Brandwache oblag.

▲ Die Burg Hohenklingen macht ihrem Namen hoch über Stein am Rhein alle Ehre.

▼ Wappen schmücken die Innenräume des Wohnturms.

1863 wurde dort eine Gaststätte eingerichtet, die sich zunehmender Beliebtheit erfreute. Diese touristische Attraktion führte auch dazu, dass die Burg 1895 bis 1898 »konserviert« wurde – und zwar, wie im »ritterromantischen« ausgehenden 19. Jahrhundert üblich, durchaus mit unhistorischen Zutaten wie einem bunten Rittersaal, mit Erkerchen, Pechnasen und nachträglich eingebauten Schießscharten. Die gesamte Anlage erfuhr von 2005 bis 2007 eine moderne Sanierung innen und außen. Vorangegangen waren sorgfältige wissenschaftliche und bauhistorische Untersuchungen. Man versuchte sich am Zustand des ersten Drittels des 15. Jahrhunderts zu orientieren und die ursprüngliche Kargheit wiederherzustellen. Dem diente auch die Beseitigung allzu »rittertümlicher« Elemente des 19. Jahrhunderts. Der 1863 eingerichtete Restaurationsbetrieb stellt mittlerweile selbst ein Baudenkmal dar und blieb bestehen.

Zur Burg Hohenklingen führt ein recht enges Fahrsträßchen in mehreren Schleifen empor. Der schön angelegte Fußweg, der beim Obertor beginnt, überwindet die fast 200 Höhenmeter über mehrere Treppenstaffeln. Oben angelangt, überrascht uns die von weitem Umkreis aus sichtbare Burg durch ihre relative Kleinheit. Der schmale Grat aus Nagelfluh lässt mit etwa siebzig Metern Länge und zwanzig Metern Breite nur wenig Platz für den Burghof, der noch von der intakten Ringmauer umzogen wird. Durch einen mit allerlei Schießscharten gespickten Torzwinger, der erst nach 1500 angelegt wurde, geht es über Felsentreppen zum alten Burgtor, dessen von kalksteinernen Buckelquadern gesäumter Rundbogen noch in die staufische Zeit des frühen 13. Jahrhunderts weist.

Dominant in jeder Hinsicht steht der viereckige Turm aus schweren Quadern da, der sich über fünf Geschosse dreißig Meter emporreckt. Mit seinen zehn Metern Breite deckte er den Burghof mit Palas und Kapelle an der gefährdeten Zugangsseite ab. Sein feldseitiges Mauerwerk erreicht eine Stärke von über drei Metern. Das Erdgeschoss ist lichtlos und nur von oben erreichbar, was uns aber nicht dazu verführen sollte, es als Verlies zu deuten. Solche dunklen Kammern eigneten sich viel besser zur gewöhnlichen Vorratshaltung. Im ersten Stock befand sich der ursprüngliche Eingang in acht Metern Höhe. Kamine mit Rauchabzug in den Obergeschossen beweisen die Wohnfunktion des Turms. Die leicht spitzbogigen Fensterportale im romanisch-gotischen Übergangsstil sind wohl erst gegen 1300 ausgebrochen worden. Interessant sind die einfachen, aber doch praktischen Blockstufentreppen, welche die Etagen verbinden. Eine mit Holz verkleidete gotische Turmstube mit Sitzbänken in den Fensternischen führt uns vor Augen, dass man sich durchaus wohnlich einzurichten verstand. Ganz oben steht noch die Signalkanone, mit der Brände gemeldet oder besondere Anlässe »eingeschossen« wurden. Von der mit Zinnen umgebenen Wehrplatte unter dem Zeltdach blickt man heute auf ein grünes Meer aus dichtem Laubwald. Alte Darstellungen zeigen die Burg hingegen, wie sie auf der weiträumig abgeholzten und von Bewuchs frei geräumten Bergkuppe hockt. www.burghohenklingen.com

Der heilige Georg, ein typischer Ritterheiliger, besiegt den Drachen.
Fresko am Steiner Hauptplatz.

Die größte Ruine am See

Der Thurgauer Seerücken senkt sich steil zum Untersee hinunter und lässt am Ufer nur Platz für einen schmalen Streifen. Vom dicht bewaldeten Hang schaut ein graues Gemäuer herab: die Burgruine Neuburg. Die stattliche Ruine nimmt einen umfangreichen, von Bachläufen eingeschnittenen Felssporn über dem Ufer ein.

Der kantige Wohn- und Wehrturm wendet sich gegen das Hochufer im Rücken und schützte somit den Wohnbereich. Auf zwei Seiten ragt er noch fünfgeschossig bis zur Zinnenhöhe in zwanzig Metern empor. Die sorgfältig mit Buckelquadern aus Sandstein gefassten Ecken sind Zeichen einer stauferzeitlichen Gründung um 1200. Ihre erste urkundliche Erwähnung für das Jahr 1274 als »Nüwenburg« im Besitz Ulrichs von (Hohen-)Klingen dürfte sich demnach auf eine bereits länger bestehende Burganlage beziehen. Der Name Neuburg setzt auch eine »alte« Vorgängerburg voraus. Sie könnte sich im näheren Umkreis befunden haben. Nach dem Befund der erhaltenen Umfassungsmauern zählte die Neuburg zu den umfangreichsten Bauwerken am Untersee. Unterhalb der Hauptburg breitete sich auf einem Plateau die Vorburg aus. Der Burgweg führte durch ein Mauertor zuerst in die Unterburg und von dort durch eine weitere Abschnittsmauer hinauf zur Oberburg mit dem Wohnturm.

Wenig spektakulär ist hingegen die Geschichte der Neuburg. Sie diente als »Korrespondenz«-Burg zu Hohenklingen, mit der sie in Sicht- und Signalverbindung stand. Der rege Schiffsverkehr vom und zum Hochrhein ließ sich von hier aus gut überwachen, schließlich handelte es sich um einen der wichtigsten Fernhandelswege Europas. Im verheerenden Schwabenkrieg von 1499 wurde die Burg vom damaligen Besitzer den Eidgenossen gegenüber »offen gehalten« und entging damit der Zerstörung. Doch seit dem 16. Jahrhundert wurden die Mauern – vielleicht durch Bodenerosion – zunehmend baufällig. Und in Mammern am See boten sich bessere Möglichkeiten der standesgemäßen Unterbringung. 1745 erfolgten Abbrucharbeiten, die auch der Steingewinnung für das neue Schloss Mammern dienten. Nachdem das Dach des Turms eingestürzt war, verließ der letzte Hüter die Burg zu Beginn des 19. Jahrhunderts.

In den Jahren 2001 bis 2003 wurde das dem Verfall und der Natur preisgegebene Baudenkmal dem Dornröschenschlaf entrissen, archäologisch untersucht, bautechnisch gesichert und vom Bewuchs etwas ausgelichtet. Von diesen fachmännischen Arbeiten künden zwei höchst informative Tafeln mit Grund- und Aufrissen und alten Abbildungen der Neuburg von 1742 und 1839. www.bodenseewest.eu/attraktion/ruine-neuburg

Die Neuburg über dem Untersee, einst die umfangreichste Bodenseeburg.

Leben unter Spitzdächern

Schon von Weitem blitzt die bizarre Dachlandschaft des Steckborner Turmhofs auf und gibt dem Ort seine unverwechselbare Silhouette. Vier pfeilspitze Kegeldächer umgeben eine breite kupferne Zwiebelkuppel und rufen fast einen orientalischen Eindruck hervor.

Der auf einer Landzunge direkt am See liegende viergeschossige Wohnturm entstammt dem Ende des 13. Jahrhunderts und war Sitz eines Reichenauer Ministerialengeschlechts. Ursprünglich war der Zugang nur von der Seeseite möglich. Der Reichenauer Abt Diethelm aus dem Hause Castell ließ die Burg dann um 1320 ausbauen und vielleicht auch die Ringmauer um den Marktort erneuern. Wuchtige Zeugen der Stadtbefestigung sind der kubische Pulverturm am Schützengraben, datiert 1497, und der Wachturm an der Seepromenade. Auf die Herren von Castell dürfte der Volksname »Kastell Steckborn« zurückgehen, obwohl es sich bei dem Turmhof ja keineswegs um ein Kastell – eine Festung – handelt, sondern um eine kleine Adelsburg zur Verwaltung der äbtisch-reichenauischen Güter am Untersee.

Vom Ende des 16. Jahrhunderts sind Umbauten überliefert. Breit ausgebrochene Fenster ließen nun Licht in den alten Wohnturm. Der an das Turmhaus angefügte Westflügel wurde durch den Rundturm mit Wendeltreppe erschlossen. Nach dem angebrachten Wappenstein waren diese Anbauten 1613 vollendet. Die charakteristische Dachhaube mit den achteckigen Spitztürmchen wurde 1615 aufgesetzt. Nachdem die Stadt Steckborn den Turmhof 1639 erworben hatte, kamen unmittelbar daneben ein Warenlager (Kaufhaus) und das Zeughaus als Anbauten hinzu. Der Turm verlor damit seinen ursprünglich freistehenden Charakter. Der kupferne Dachhelm wurde übrigens erst 1899 aufgesetzt, da Schindeldächer als feuergefährlich galten. Bis 1987 waren die Außenmauern des Turms steinsichtig, seitdem erstrahlt das Gebäude in hellem Verputz, der nach historischen Vorbildern aufgetragen wurde.

Seit 1934 ist im Turmhof das städtische Heimatmuseum untergebracht. Einen Besuch ist die liebevolle Sammlung aus archäologischen Funden der Pfahlbauzeit, neuzeitlichen Handwerksgeräten, Kachelöfen und Dokumenten zur Burg- und Ortsgeschichte allemal wert. Seit 2002 kümmert sich eine eigene Stiftung um den Turmhof. Auf ihre Veranlassung wurden der Turm und die Ausstellungsräume 2018 umfassend renoviert. Den besten Blick auf die malerische Baugruppe genießt man von der Seeseite, entweder vom Landungssteg oder gleich vom Schiff aus. www.turmhof.ch

Wellenschlag und luftige Dächer prägen den Turmhof.

Treffpunkt von tout le monde

Arenenberg, auf dem Thurgauer Seerücken hoch über Mannenbach gelegen, ist wohl das bekannteste Schloss am Untersee. Das mag mit seiner Beziehung zu Napoleon zusammenhängen, obwohl viele Besucher erst bei der Schlossführung merken, dass nicht der »echte« Napoleon Bonaparte hier wohnte, der als Konsul und Empereur von 1802 bis 1814 ganz Europa neu gestaltet hat, sondern dessen wenig erfolgreicher Großneffe Louis Napoleon III.! Über die komplizierten Familienverhältnisse der Bonapartes lässt man sich am besten hier unterrichten.

Im Jahr 1817 hat Hortense de Beauharnais, Napoleons (des echten) charmante Stieftochter und Schwägerin, den kleinen patrizischen Ansitz Arenenberg erworben und residierte hier von 1825 bis 1837. In dieser Zeit erhielt das Hauptgebäude seine heutige Form als Empire-Schlösschen und wurde innen wie außen im klassizistischen Stil gestaltet. Salonbau, Pavillon und Park vervollständigten den herrschaftlichen Anspruch. Die neugotische Schlosskapelle war als Grabmal für Hortense gedacht. Diese fand ihre letzte Ruhestätte 1837 jedoch in Rueil bei Paris.

Der 1808 geborene Sohn Louis Napoleon von Hortense und Louis Bonaparte, Napoleons Bruder, wuchs von 1817 ab in Arenenberg auf. 1852 wurde er als Napoleon III. französischer Kaiser und heiratete 1853 Eugenie de Montijo. Nach seiner Niederlage gegen Preußen 1871 und seiner Absetzung wählte seine Gattin (ab 1873 Witwe) Eugenie Arenenberg als Exil. Sie verbrachte hier von 1873 bis 1900 vorwiegend ihre Sommermonate. 1906 übertrug sie das Schloss dem Kanton Thurgau mit der Maßgabe, hier ein Napoleon-Museum einzurichten. 1920 starb sie in Spanien.

Unter Eugenie, einer geborenen Spanierin, wurde Arenenberg weiterhin großzügig ausgebaut. Schließlich hatte sich eine Dienerschaft von siebzig Köpfen um die zahlreichen Gäste zu kümmern, die aus ganz Europa nach Arenenberg kamen. Dazu wurden neue Wohntrakte und ein Gästehaus errichtet. Die Schlossführung durch die zwischen bourgeoiser Opulenz und der Kühle des Empire schillernden Interieurs, Salons und Boudoirs mit ihrer Unmenge an Mobiliar, Porträts, Büsten und Accessoires ist ein Erlebnis. Und doch fühlt man sich irgendwie erleichtert, wenn man auf die Terrasse hinaustritt und den Blick frei über die ruhig zu Füßen liegende Insel Reichenau hinüber zur gezackten Vulkanlandschaft der Hegauer Berge schweifen lässt. Von Mannenbach führt auch ein steiler Fußweg quer durch Weinstöcke zum Schloss. Die von Arenenberg aus gut sichtbaren Schlösser Salenstein – mit markantem neugotischem Stufengiebel – und Eugensberg sind nicht zugänglich. napoleonmuseum.tg.ch

Im Schloss Arenenberg mit originalgetreuer Inneneinrichtung befindet sich das Napoleonmuseum.

Gottlieben

Schatten und Licht

Die zweitürmige Wasserburg der Konstanzer Bischöfe in Gottlieben ist leider nach außen fester verrammelt, als sie es jemals im Mittelalter gewesen ist. Die hoch wuchernden Bäume im Park verschatten das ganze Anwesen und verstellen uns zudem jeden Blick durchs Burgtor. Aber der sich vor dem Schlosspark ausbreitende Seerhein ist frei, und vom Ausflugsschiff oder vom Tretboot aus lässt sich die gesamte Burganlage gut überblicken.

Zwei fast gleiche, mächtige, 33 Meter hohe Wehrtürme fallen auf, Zeugen der Erbauungszeit um 1250, als der Konstanzer Bischof Eberhardt von Waldburg die Burg zur Überwachung einer Holzbrücke über den Seerhein errichten ließ. Ein mit dem See verbundener Wassergraben umgab die Burg auf der Landseite. Beeindruckt werden sollten vor allem die Konstanzer Stadtbürger, Fehden blieben nicht aus. 1355 wurde die Burg mit Ausnahme der Türme zerstört. Ein unschöner Teil ihrer Geschichte ist, dass sie Bischöflich-Konstanzer Kerker war. Der böhmische Reformator Jan Hus wurde hier während des Konstanzer Konzils (1414–1418) entgegen allen Abmachungen mit König Sigismund gefangen gesetzt, angeblich in einem Holzverschlag im Westturm. Das gleiche Schicksal traf seinen Mitbruder Hieronimus von Prag. Das im Mai 1416 gegen beide Reformatoren verhängte Todesurteil verursachte den ersten konfessionellen Riss im spätmittelalterlichen Europa. Auch der geflohene und abgesetzte Gegenpapst Johannes XXIII. wurde hier eine Zeit lang in Gefangenschaft gehalten. Für den wehrhaften Ausbau spricht die Tatsache, dass die Schweizer 1499 die Belagerung erfolglos abbrechen mussten.

Etwas freundlichere Zeiten kamen im 19. Jahrhundert. Von 1836 bis 1842 lebten Jérôme und Louis Bonaparte, Bruder und Neffe Kaiser Napoleons, in dem »halb restaurierten« Mittelbau zwischen den Türmen. Geplant war der Umbau in eine Art venezianischen Palazzo. Die folgenden Besitzer orientierten sich hingegen am neugotischen Baustil. Im Zuge dessen wurden zahlreiche Maßwerkfenster aus dem 1824 abgebrannten Kreuzgang des Konstanzer Münsters wiederverwendet und dominieren die seeseitige Fassade des Schlosstrakts zwischen den beiden düsteren Türmen. Vielleicht hat Rainer Maria Rilke dies gesehen, als er die Bodensee-Verse komponierte: »In Türmen von seltsamen Arten / Klingen die Glocken wie weh. / Uferschlösser warten / Und schauen durch schwarze Scharten / Müd auf den Mittagssee.« Von 1950 bis 2012 lebte die Schweizer Opernsängerin Lisa della Casa im Schloss Gottlieben. Im Januar 2023 stand das sanierungsbedürftige Bauensemble aus Türmen, Schloss und Park zum Verkauf. www.gottlieben.ch

▲ Vom Seerhein aus erschließt sich der Blick auf Burg Gottlieben. ▼ Das Konstanzer Konzil von 1414 bis 1418 in der Chronik Ulrich von Richentals, 1420.

16
Sitzung der Kirchenprä-
laten im Münster.

Original und Imitat

Über dem Ort Tägerwilen lugt das Spitzdach der komplexen Schlossanlage *Ober-Castell* weithin sichtbar von einer bewaldeten Kuppe herab. Freundlicherweise gewährt uns eine Sichtschneise von der Straße aus Einblick auf das Schlossgelände. Ein Stilgemisch aus englischer Gotik, Neorenaissance und maurischen Anklängen blickt uns entgegen – kein Wunder, entstand das ganze mehrtürmige Bauensemble doch erst von 1878 bis 1894. Bauherren waren, wie meist bei derartigen »historistischen Pseudoschlössern«, reich gewordene Handelsfamilien oder Fabrikanten.

Den Kern des Schlosses bildet aber ein echtes Renaissance-Herrenhaus aus dem Jahr 1585, das als Sitz eines Konstanzer Vogtes diente. 1725 wurde es noch barock umgestaltet. Im 19. Jahrhundert folgte dann der Anbau der zwei geradezu fantastisch ornamentierten Flankierungstürme. Ober-Castell befindet sich in Privatbesitz. Das Betreten des gepflegten Schlossparks mit Schlossblick wird aber tagsüber gestattet.

Geschichtlich interessanter ist die Ruine der »echten« *Burg Castell.* Zur Unterscheidung vom Schloss erscheint sie auch als »Unter-Castell« auf den Landkarten. Sie erhebt sich auf dem Seerücken genau östlich gegenüber dem neuen Schloss und ist von diesem durch eine Bachschlucht getrennt. Entstanden ist die Burg unter Bischof Ulrich I. von Konstanz (im Amt 1111–1127), sie diente als Ministerialensitz derer von Castell. Im 14. und 15. Jahrhundert sind mehrmalige Aufenthalte der Bischöfe mit ihrem Gefolge bekannt. Es handelte sich also um einen Flucht- und Rückzugsort der machtbewussten Bischöfe, die öfters in kriegerische Fehden verwickelt waren. Das erklärt den Ausbau der Burg zu einer der größten Wehranlagen im Bodenseegebiet. Ihr gewaltsames Ende kam durch die Eidgenossen im Schwabenkrieg 1499. Als Vergeltung dafür, dass die Bischöflichen schwäbischen Truppen die Burg Gottlieben überlassen hatten, schossen die Appenzeller Burg Castell in Brand. Ein Wiederaufbau erfolgte nicht mehr. Und allmählich holte sich sodann die Natur den Burghügel zurück – bis 2008 eine gründliche Sanierung erfolgte.

Die Außenmauern des Wohnturmes aus Sandsteinquadern ragen noch 15 Meter auf, früher dürfte er beträchtlich höher gewesen sein. Er entstammt dem frühen 13. Jahrhundert. Ein inneres Stahlskelett erlaubt die Besteigung. Auch die Umfassungsmauern und der Burghof sind noch gut zu erkennen. Ein Mauergeviert wird als Bergfried gedeutet. Einzelne Attribute entstammen aber dem 19. Jahrhundert, als die Schlossherren vom gegenüberliegenden Ober-Castell die Ruine in ihren romantischen Landschaftspark einbezogen. www.swisscastles.ch/Thurgau/casteld.html

Gegenüber der Burgruine erhebt sich das Schloss Castell, ein Bauensemble des Historismus.

Städtische Geschlechtertürme

Der ritterliche Dichter Oswald von Wolkenstein schwärmte von der Reichsstadt Konstanz während des Konzils (1414–1418): »O wunniklich Paradis, zu Costnitz han ich funden dich.« Standespersonen wie er fanden Unterkunft in den urbanen Adelshäusern. Reiche Bürger und Patrizier bauten sich innerhalb der Stadt ebenso Paläste im Burgenstil, um ihre Gleichheit mit Adel und Rittern architektonisch unter Beweis zu stellen.

Es handelte sich um stark gemauerte und hochragende Geschlechtertürme, wie sie uns auch aus Regensburg und oberitalienischen Städten bekannt sind. Von ihrer gedrängten städtischen Umgebung waren diese Stadtburgen durch hohe Mauern und Tore, ja sogar Zugbrücken abgeteilt. Echte Wehrhaftigkeit dürfen wir diesen feudalen Bauten aber nicht zubilligen. Sie dienten der Repräsentation und dem Selbstbewusstsein der zu Reichtum gekommenen Handelsbürger.

Von den ehemaligen Adelshäusern ist das *Haus zur Kunkel* am Münsterplatz wegen seiner um 1320 entstandenen Wandmalereien höchst bemerkenswert. Die »Weberinnen-Fresken« demonstrieren – für das höfische Zeitalter sehr ungewöhnlich – in 21 Bildfolgen profane Tätigkeiten wie Leinwand- und Seidenweberei. Auf der gegenüberliegenden Wand prangen ritterliche Szenen und Motive aus der Parzival-Sage. Gleich beim Toreingang ins Haus werden wir aber von mehreren Frauengestalten in Medaillons mit dem »Kampf der Tugenden gegen die Laster« konfrontiert: Glaube, Liebe und Hoffnung bewerfen ihre Pendants mit Bällen. Das prachtvoll bemalte *Haus zum Goldenen Löwen* ist aus dem mittelalterlichen Wohnturm eines patrizischen Geschlechts hervorgegangen. Der wuchtige, rechteckige Turm stammt noch aus romanischer Zeit. Die farbenfrohe Außenbemalung ist 1580/1590 im Stil der deutschen Renaissance angebracht worden und wurde seitdem mehrfach erneuert.

In ursprünglicher Höhe ist noch das *Hohe Haus* erhalten, ein mächtiger fünf Stockwerke in die Höhe ragender, rechteckiger Wohnturm. Vielleicht war er einst sogar siebenstöckig. Für das Jahr 1294 wird er als Besitz des Bischofs Heinrich von Klingenberg und seines Bruders Albrecht schriftlich bezeugt. Die gotischen Fensterportale bestätigen diese Daten, doch romanische Wandmalereien im Inneren weisen in eine noch frühere Epoche. Die Außenfresken wirken zwar sehr dekorativ, stammen aber aus den 1930er-Jahren. Während des Konstanzer Konzils haben die Burggrafen von Zollern hier ihr Quartier bezogen. Burggraf Friedrich von Hohenzollern wurde in diesem Hause 1417 von König Sigismund mit der Mark Brandenburg belehnt. Hier in Konstanz, weit im Süden Deutschlands, schlug also die Geburtsstunde Hohenzollern-Preußens! www.konstanz.de

Das Patrizierhaus »Zum Goldenen Löwen« besticht durch seine Fassadenmalerei.

Gastlichkeit im Park

Liegt nicht an jedem See auch eine Seeburg? Am Bodensee finden wir sie in Kreuzlingen inmitten des weitläufigen Seeburgparks, des gepflegten Erholungsareals am Seeufer. Sie repräsentiert zwar keine echte Burg, sondern ein Schloss im historischen Gewand, fußt aber auf einem Edelsitz des 16. Jahrhunderts.

Anno 1598 erbaute sich hier hart am See ein Konstanzer Stadtbürger ein Schloss, das er Neuhorn nannte. 1633 wurde es allerdings während der Belagerung von Konstanz durch den schwedischen General Gustav Horn demoliert und ausgebrannt. Den Wiederaufbau leitete 1666 der neue Besitzer, das Augustiner-Chorherrenstift St. Ulrich in Kreuzlingen. Es entstand der dreistöckige Bau auf rechteckigem Grundriss mit vier über Eck angebauten Türmen. Zwei mehreckige Flanken- oder Flügeltürme, durch Laubengänge mit dem Haupthaus verbunden, sollten wohl den adligen Stand der Besitzer verdeutlichen. Bis 1796 bezogen die Kreuzlinger Äbte den nun Seeburg genannten Ansitz als Sommerresidenz. Um vornehme Gäste unterzubringen, entstanden nach der Mitte des 18. Jahrhunderts neue barocke Wohntrakte, Freitreppen und ein Garten mit Pflanzenrabatten und Weihern. Von 1833 bis 1848 wirkte der Reformpädagoge Johann Jakob Wehrli im alten Herrenhaus.

Unter großbürgerlicher Ägide erfuhr die Seeburg von 1879 bis 1895 eine komplette Neugestaltung im Sinne des zeitgenössischen Historismus. So wurden die Giebel im »Burgenstil« mit Zinnen versehen und die Ecktürme erhöht. Auch den Außenmauern und dem Torbau wurden Zinnen aufgesetzt. Die Flankierungstürme erhielten Topfhelme. Das Innere wurde mit in ganz Europa gesammelten Kunstgegenständen, mit Lüstern, Parketts, Holztäfelungen, Portalrahmen und geschnitzten Decken ausgestattet. Im Außenbereich entstanden zwei Wasserbassins und ein Pavillon. 1958 erwarb die Kommune Kreuzlingen das Schlossgebäude mit umliegendem Park. Um es einer gehobenen gastronomischen Nutzung zuzuführen, erfolgte von 1982 bis 1984 eine bauliche Sanierung. Das Schlossrestaurant bietet unter anderem ein altdeutsches Burgzimmer, ein großbürgerliches Zigarrenzimmer, einen blauen Salon mit übermannshohem Kachelofen, ein vollholzgetäfeltes Intarsienzimmer und im Schlosspark die Aperowiese mit Weitblick auf den Obersee. www.schloss-seeburg.ch

Eine gastliche Adresse im historisierenden Burgenstil: Seeburg im Kreuzlinger Park.

Hagenwil

Ein Schweizer Elysium

Hagenwil lässt sich von Kreuzlingen oder von Romanshorn aus über das Städtchen Amriswil erreichen. Ein wahrhaftes Burgidyll erwartet uns. Die Wasserburg Hagenwil ist eine der bekanntesten Burgen der Schweiz und kann als eine Schweizer Ikone gelten. Darüber hinaus ist sie eine der wenigen europäischen Wasserburgen, die ihre ursprüngliche Bauform nahezu vollständig erhalten haben. Schon ihre Lage inmitten eines Weihers, der von einem bukolischen Wiesengrund und Obstbäumen umgeben wird, ist einmalig schön. Das Gewässer wird von einem etwas höher gelegenen Moor gespeist.

Kleinräumig und übersichtlich, dabei kompakt und massiv steht sie da und verfügt über alle Attribute, die wir mit dem Begriff Burg verbinden: Wassergraben, Zugbrücke, Torturm mit Kapelle, Ringmauer, Wehrgang, Turm und Palas – und nicht zuletzt eine gastliche Kemenate. Im Zentrum steht der kastenförmige Wohnturm, dessen klafterdicke Mauern aus schweren Feldsteinen, Quadern und Rundkieseln bestehen. Er misst dreizehn mal zehn Meter im Grundriss und verfügt über eine Mauerstärke von zwei Metern. Der heute vermauerte Hocheingang befand sich an der Ostseite. Der Wohnturm ist im frühen 13. Jahrhundert entstanden. Auch die Ringmauer, die ihn im Geviert umschließt, stammt aus dieser Zeit.

1264 verkaufte – oder schenkte – Rudolf von Hagenwil – vielleicht der Erbauer – die Burg samt Weinberg dem Abt Berchtold von St. Gallen. Der Ritter soll am Kreuzzug Kaiser Friedrichs II. von Hohenstaufen teilgenommen haben, kam aber nur bis Apulien. Da seine Schwiegersöhne um ihr Erbteil bangten, nahmen sie Rudolf gefangen. Abt Berchtold befreite ihn und empfing zum Dank Burg und Herrschaft Hagenwil. Die Abtei belehnte in der Folgezeit verschiedene Adelsgeschlechter mit Burg und Herrschaft, so die Herren von Güttingen und Breitenlandenberg.

Während des Appenzellerkrieges wurde Hagenwil 1405 von den sieggewohnten St. Galler Kriegshaufen, den Verbündeten der Appenzeller, angegriffen und beschädigt, aber 1414 wieder instand gesetzt. Im 15. und 16. Jahrhundert gestaltete die Familie Bernhausen den sich im Schatten des Turms duckenden Palas gotisch um, stattete ihn mit einer Wendeltreppe aus und richtete den Rittersaal ein. Auch die kleine Michaelskapelle über dem Burgtor erhielt 1485 ihr gotisches Gesicht. 1499 kamen mit dem Schwaben- oder Schweizerkrieg erneut unruhige Zeiten ins Land. Es oblag dem Hagenwiler Burgherren Jakob Baier, das Seeufer mit

Die Zugbrücke über dem Burgweiher gewährt Gästen Zugang.

Bewaffneten zu bewachen. Als die Schweden unter General Horn während des Dreißigjährigen Krieges Konstanz belagerten, schweiften ihre Reiter aus und erreichten im September 1633 auch Hagenwil, begnügten sich aber mit der Plünderung der Innenräume.

1684 übernahm die Reichsabtei St. Gallen wieder die direkte Herrschaft und ließ das Weiherhaus als Verwaltungssitz und auch als kleine Sommerresidenz der Äbte renovieren und ausbauen. In diesem Zusammenhang wurden die auf Stützbalken weit vorkragenden Fachwerkaufbauten instand gesetzt und die Dächer neu eingedeckt. Das Burgtor mit den zwei Wippbalken für die Zugbrücke erfuhr laut Inschrift anno 1741 eine Erneuerung. 1786 wurden einige Zimmer als Rekreationsräume für erholungsbedürftige Geistliche hergerichtet. Nach der Säkularisation von 1803 und der Auflösung der Klosterherrschaft St. Gallen erwarb eine bürgerliche Familie den Ansitz. Ihre Nachfahren betreiben seit 1830 im Wehrgang auf der brückenseitigen Mauer eine originelle Gastwirtschaft. Der intime Gastraum im Biedermeierstil ist eine besondere Kostbarkeit.

Im Zuge der 1937 erfolgten Renovierung erhielt die Burg ihr farbenfrohes Äußeres. Die blutrot gestrichenen Riegelbalken und Bretterwände kontrastieren bestens mit den grauen Steinmauern, den hellen Putzflächen und den im Sonnenlicht funkelnden Butzenscheiben. Das entspricht durchaus der historischen Situation. Denn gerade die Holzteile von mittelalterlichen Burgen waren in der Regel bunt bemalt. 2004 erfolgten behutsame Einrichtungen für die moderne Gastronomie. Dachbalken und Fachwerkhölzer bedürfen der permanenten Prüfung und Renovierung. Darum kümmert sich ein rühriger Burgverein. Gut angenommen werden die Hagenwiler Schlossfestspiele im Burghof. 2023 steht der »Der Mord im Orientexpress« von Agatha Christie auf dem Plan. In der Burg befinden sich verschiedene Restauranträume: Biedermeierstuben, gotischer Saal, Grossmutterstübli, Kornkammer und Mostkeller mit der Burgbar.

Ein Pfad umrundet den Schlossweiher. Neben der Zugbrücke springt eine Fontäne im Quelltopf auf. Vom Sträßchen nach Räuchlisberg erschließt sich ein wunderbarer Blick von oben her auf die gesamte Burganlage. www.schloss-hagenwil.ch

Auf Stützbalken vorkragende Fachwerkaufbauten charakterisieren die Weiherburg.

Erbaut aus »Wacken und Klötzen«

Die in den See vorgeschobene Halbinsel, auf der die Stadt Arbon liegt, war bereits in der Römerzeit schwer befestigt. Doch stammt der wuchtige, aus klobigen Findlingen erbaute Viereckturm der Burg aus den Jahrzehnten um das Jahr 1200. Sein grobes Mauerwerk und der Eingang in beträchtlicher Höhe sind für die Profanbauweise unter der Kaiserdynastie der Staufer zeittypisch.

Der See reichte damals bis an ein Kap, auf dem die Burg errichtet wurde. Die ersten Arboner Burgherren waren Gefolgsleute der Konstanzer Bischöfe und unterhielten enge Beziehungen zu den Hohenstaufen. Ihre Burg umfasste den festen Bergfried und eine steinerne Ringmauer sowie Palas und Wohnbauten aus Holz oder Fachwerk. Nach der Mitte des 13. Jahrhunderts gingen Burg, Ort und Herrschaft endgültig an die Konstanzer Bischöfe über, die hier bis 1798 ihre Burgvögte einsetzten. Die Stadt selbst ist eine Gründung des Konstanzer Bischofs Eberhard von Waldburg um 1255. Ein imposantes Bauwerk ist der ehemalige quadratische Wehrturm im Südwesten der Altstadt. Er wurde im 15. Jahrhundert als Freisitz umgestaltet und 1793 das ausladende Obergeschoss mit Doppelwalmdach und Glockentürmchen bedeckt.

Die bischöfliche Burg wurde im 14. und dann im 16. Jahrhundert zur heutigen Größe ausgebaut. 1405 bewahrten ihre Mauern sie vor den kriegslüsternen Appenzellern. Auch nach dem Siegeszug der Eidgenossen 1499 verblieb Arbon in bischöflicher Hand. Der Konstanzer Kirchenfürst Hugo von Hohenlandenberg ließ 1515 bis 1520 die Wohn- und Verwaltungstrakte mit den gotischen Staffelgiebeln hochziehen und den alten Turm um ein Geschoss und ein Walmdach auf die heutige Höhe von 33 Metern aufstocken. In der Endphase des Dreißigjährigen Krieges bewährte sich die Burg als Fluchtort für katholische Geistliche und kaiserlich Gesonnene.

Nach der Säkularisation von 1803 und dem Verkauf der Bischofsburg wurde auf dem Areal wahllos abgebrochen und hinzugebaut. Die Niederlegung des Burgturms scheiterte 1858 nur an den damit verbundenen Kosten. Würdigere Zeiten kamen erst nach 1945, nachdem die Kommune Arbon ihre Burg erworben hatte. Die in den 1970er-Jahren von Grund auf restaurierten Bauten beherbergen heute die sehenswerten Sammlungen des Arboner Heimatmuseums. Im Inneren des Osttraktes besticht der Landenberg-Saal mit seiner schmuckreich ausgearbeiteten hölzernen Kassettendecke. Wir sollten uns nicht daran stören, dass das originale Renaissanceinterieur Ende des 19. Jahrhunderts ausgebaut und ins Schweizer Landesmuseum in Zürich verbracht worden ist. Auch die Rekonstruktion von 1919 kann sich sehen lassen! www.museum-arbon.ch/schloss

Der alte Arboner Bergfried schaut über die Stadt hinweg.

»Riesenturm« mit Obergaden

Unter Burgenforschenden ist die Burg Mammertshofen berühmt wegen ihres »megalithischen« Mauerwerks. Und in der Tat überrascht die schiere Wucht des aus unbearbeiteten Findlingen, Felsbrocken und Steinblöcken aufgetürmten Mauerwerks. Einzelne Steine wiegen bis zu drei Tonnen und sind zwei Meter lang. Das unverputzte und zerklüftete Äußere unterstreicht noch den »uralten« Eindruck des quadratischen Turmsockels.

Das fünfeckige Burgplateau liegt leicht erhöht und wird an zwei Seiten von einem heute trockenen Ringgraben umgeben. Die gezinnte Umfassungsmauer mit dem Torbogen unter einem Stufengiebel wurde erst im 19. Jahrhundert angelegt, folgt aber dem Verlauf des alten Berings. Der Steinbau des Turms bildet einen Kubus von 13,5 Metern Seitenlänge und exakt der gleichen Höhe. Die Mauerstärke erreicht 2,8 Meter. Der ehemalige Hocheingang ins dritte Stockwerk befand sich an der Nordseite. Von dort steigt eine schmale, in die Mauer eingebaute Treppe nach oben. Zwei Lichtscharten an der Ostseite sind sorgfältig mit Sandsteinelementen eingefasst. Den viergeschossigen, unten fensterlosen »Megalith-Turm« krönt ein gewaltig ausbauchender Obergaden in Holzbauweise, den ein gewalmtes Dach abdeckt. Der Burgturm entstammt dem frühen 13. Jahrhundert und wurde von Gefolgsleuten des Abtes von St. Gallen errichtet. 1249/50 wird die Burg anlässlich der Fehde zwischen der Abtei St. Gallen und dem Bistum Konstanz als bereits bestehend erwähnt. Die Herren von Mammertshofen erscheinen anno 1296 als äbtische Marschalken (Stall- und Hofmeister) in einer Urkunde. Unter den Schenken von Castell entstand um 1520 der mächtige, auf Stützbalken aufliegende Obergaden, der die Wohnräume enthält. Durch spätgotische Fenster mit Butzenscheiben wird das vertäfelte Innere belichtet. Pächterhaus und Kapelle sind in der gegenwärtigen Form Bauten vom Ende des 17. Jahrhunderts.

Der beeindruckenden Burgenarchitektur zum Trotz verlief die Geschichte wenig aufregend. 1405 gestand der sanktgallische Burghüter den mit den Appenzellern verbündeten St. Galler Bürgern nach kurzem Geplänkel das »Öffnungsrecht« zu, weswegen die Burg verschont blieb. 1547 bezeichnete Abt Diethelm die Burg als »wenig bequem und ohne Nutzen für die Abtei«. Nach dem Aussterben der Schenken von Castell 1645 wurde bis auf die Umfriedung und das neugotische Wohnhaus nichts mehr verändert. Seit 1792 bildet die Burg den Mittelpunkt einer prosperierenden landwirtschaftlichen Ökonomie. Man kann in der Regel über die schöne 1802 erbaute Brücke den Burghof zu Fuß betreten. Der gepflegte Garten im ehemaligen Burggraben ist eine Augenweide. www.swisscastles.ch/Thurgau/mammertshofend.html

▲ Burg Mammertshofen inmitten grüner Wiesen und Weiden.
▼ Ein Holzhaus – Gaden – sitzt auf dem steinernen Sockel des Turms.

Domizil eines Komponisten

Schloss Wartensee ist eine originelle Melange aus mittelalterlichem Burgturm, neugotischer Mittelalterinterpretation und lichtdurchfluteter Moderne. Und das in durchaus gelungener Formensprache. Sicher trägt auch die beste Terrassenlage mit prächtiger Aussicht auf Rorschach am Bodenseeufer dazu bei.

Die Bauphasen lassen sich deutlich an der äußeren Erscheinung ablesen: Selbstverständlich ist der grobschlächtige, nur von wenigen Lichtschlitzen durchbrochene und unverputzte Turm der älteste Burgteil: ein Wohnturm aus der Mitte des 13. Jahrhunderts aus schwerem Mauerwerk und mit heute vermauertem Hocheingang. Den neugotischen Staffelgiebel erhielt er erst 1850 aufgesetzt. Im ersten Obergeschoss wurde 1964 eine gerade durch ihre Kargheit beeindruckende moderne Kapelle eingebaut. Neben dem altersgrauen Turm steht der weiß gekalkte Palasbau aus der Mitte des 15. Jahrhunderts. Aber auch hier hat das 19. Jahrhundert ganze Arbeit geleistet, denn der Zinnengiebel und die neugotischen Fenster sind Nachempfindungen, wenn auch vom spätmittelalterlichen Original nicht weit entfernt. Die kreuzförmigen Lichtscharten allerdings passen eher in die englische Tudor-Gotik. Aus dieser historisierenden Bauphase stammt auch die verspielte Zinnenmauer mit Bastionstürmchen und spielzeugartiger Toranlage. In der jüngsten Bauphase von 1993 bis 1996 wurde der ehemalige Burghof transparent überdacht und mit einer Glas-Stahl-Konstruktion ausgefüllt, die als Eingangs- und Empfangsraum dient.

Die 1264 erstmalig urkundlich belegten Ritter von Wartensee waren Vasallen des Abtes von St. Gallen. Sie erbauten um 1240 den Wohnturm. Von 1361 bis 1691 hatte die ursprünglich bürgerliche Familie Blarer aus St. Gallen die Herrschafts- und Burgrechte inne. Da sich die Blarer dem Appenzeller Landrecht anschlossen, blieb die Burg im Krieg von 1405 verschont. Von 1714 ist ein Visitationsbericht überliefert, der das Schloss als zwar »ansehlich«, aber »im Abgang, weil niemand darin wohnet« beschreibt. Eine neue Epoche brach an, als 1842 der englische Komponist Robert Lucas Pearsall das Anwesen erwarb. Er baute Wartensee im neugotischen Stil um. Annette von Droste-Hülshoff, die 1844 als Gast von der Meersburg herüberkam, verliebte sich in Pearsalls junge Tochter Philippa. Diese hatte der weit älteren Dichterin anvertraut, dass »das Leben auf Wartensee ein geistiger Hungertod« sei. Seit 1958 befindet sich Wartensee im Eigentum der Evangelisch-Reformierten Kirche des Kantons St. Gallen und wurde im Innenbereich modernisiert und zu einem Bildungs- und Tagungszentrum umgebaut. Eine Treppe führt in den Garten und auf die Schlossterrasse zum See hin. www.wartensee.ch

Harmonisch komponiert: Mittelalter, Neugotik und architektonische Moderne in Wartensee.

Burgstock Rheineck

Eidgenössische Wacht am Rhein

Rheineck wird von der markanten, weithin sichtbaren Ruine Burgstock überragt. Der Turm stammt aus dem 12. Jahrhundert und wurde auf Geheiß des Bistums Konstanz über dem Rhein (heute Alter Rhein) erbaut. Mit Seitenlängen von über 10 Metern und Mauerstärken aus Sandsteinquadern zwischen 2,60 und 3,50 Metern zählt der Wohnturm zu den eindrucksvollsten mittelalterlichen Monumenten des Bodenseeraumes. Die Burg kontrollierte den wichtigen Weg vom Bodensee nach Oberitalien.

Im Jahr 1163 erkaufte sich Rudolf von Ramsberg die Vogtei und das Castellum Rinegge. Von seinen Nachfolgern ging die Burg an die Grafen von Werdenberg über, die sie 1359 Herzog Leopold von Österreich übergaben. Nach Ausweis der Quellen und archäologischer Befunde muss es sich um eine mächtige Anlage gehandelt haben, die eine weitere Burganlage auf einem Hügel nördlich des Burgstocks mit einbezog und deren Mauern auch den unten liegenden Ort umfassten.

Als »habsburgische Wacht am Rhein« war Burg Rheineck 1405 ein erstes Angriffsziel im Appenzellerkrieg und wurde im Alten Zürichkrieg von 1445 vollends zerstört. Danach erwarben die Appenzeller die Burg auf legale Weise, ließen sie aber verödet liegen. 1616 heißt es »das zerprochen Schloss, so sehr groß und wohl erbawen gewest, dessen anzeigen noch genügsam vorhanden«. Nach der verheerenden Brandkatastrophe, die den Ort Rheineck 1746 heimsuchte, wurden die Steine der alten Burg zum Wiederaufbau sinnvoll »recycelt«.

1939 wurde die noch bestehende, über 18 Meter aufragende Turmwand gesichert und die weithin sichtbare Schweizer Flagge mit weißem Kreuz auf rotem Grund gehisst. Damals war das »Großdeutsche Reich« nach dem Anschluss Österreichs gefährlich nahe an die Schweizer Grenze herangerückt, daher kam der Flagge auf dem Rheinecker Burgstock durchaus staatspolitische Bedeutung zu. Stolz weht sie heute noch. Auf den Burgstock führen Fußwege vom Ort herauf. Sie queren Weinhänge und sattgrüne Kuhweiden. Oben angelangt, eröffnet sich uns ein weiter Blick übers Rheindelta ins Ländle Vorarlberg und auf dessen Olymp, den Gebhardsberg. www.alleburgen.de/bd.php?id=28988

Der Burgstock über Rheineck ist der Baurest einer gewaltigen Wehranlage.

Versteckte Raubritterburg

Abseits liegt die Burgruine Grimmenstein auf einer Sandsteintafel über St. Margrethen. Wir gelangen zuerst in den breit aus dem Sandstein geschachteten Halsgraben, der die Burg vom Hochplateau im Rücken abtrennt. Über dem Graben ragen zwei Wände des mächtigen, quadratischen Bergfrieds empor.

Markantester Bau der Burg war der mächtige Wohnturm aus Sandstein, der im Grundriss 15,1 mal 15 Meter maß, bei einer maximalen Mauerdicke von 3,25 Metern. Er war mindestens vier Stockwerke hoch und über einen Hocheingang im ersten Obergeschoss zugänglich. An den Turm schloss talseitig ein Burghof mit Wohn- und Ökonomiegebäuden an. Romanische Bogenfenster und ein erkennbarer Hocheinstieg sind architektonische Zeichen des frühen 13. Jahrhunderts. Ein etwas ausgesetzter Felssteig führt über eine kleine Zwingeranlage mit wieder eingesetztem Portal in den schmalen Burghof hinein. In dessen Mitte öffnet sich eine in den Felsboden gehauene viereckige Zisterne. Gegen das Rheintal senkt sich ein sonniger Rebenhang mit Woge an Woge von Weinstöcken hinunter.

Grimmenstein gehörte zu einer ganzen Reihe von Burgen und Türmen, mit welchen die Abtei St. Gallen im 13. Jahrhundert ihr »Fürstenland« am Rhein sichern wollte. Als Lehensträger der Burg sind zuerst die Ritter von Falkenstein und ab dem frühen 14. Jahrhundert die Freiherren von Enne bekannt. Die Burgherren von Enne waren streitbare Gesellen, die keinen Händeln und keiner Fehde aus dem Weg gingen. Einnahmen und Zerstörungen der Burg sind für 1320 und sicher für 1361 belegt. 1405 wurde die Burg von den Appenzellern verbrannt und Burgherr Wilhelm von Enne samt Gemahlin festgenommen. 1418 war Grimmenstein notdürftig wieder hergerichtet. Doch nachdem der neue Burgherr Georg von Enne Konstanzer Warenzüge ausgeraubt hatte und in seinem Namen ein Handelsschiff auf dem Bodensee überfallen wurde, rückte 1416 die Konstanzer Bürgerwehr an und zerstörte Grimmenstein endgültig. Noch bis zu seinem Tod 1436 führte Georg von Enne sein Raubritterleben fort, doch Grimmenstein blieb in Trümmern liegen.

Erste Ausgrabungen wurden 1938 durchgeführt, wobei zahlreiche Pfeilspitzen und Armbrustbolzen zum Vorschein kamen. Der Name Grimmenstein ging im 15. Jahrhundert auf das Kapuzinerinnen-Kloster St. Ottilia unterhalb von Walzenhausen über, das heute noch besteht. Der Garten im *Chlösterli* hält für die Besucherin allerlei Heilpflanzen bereit. www.alleburgen.de/bd.php?id=29397

Netze schützen die Weinstöcke rund um das Grimmensteiner Burgidyll.

Neues Schloss Meersburg, Rokoko-Deckengemälde von 1762.

Vita

Dr. phil. Michael Weithmann fühlt sich durch seine Bregenzer Großeltern eng mit dem Bodensee verbunden. Aufgewachsen ist er in Augsburg und München, studiert hat er Geschichte und alles, was damit zusammenhängt, in München und Wien. Seine Ausbildung zum Wissenschaftlichen Bibliothekar führte ihn zur Universität Passau. Er hat mehrere Bücher und zahlreiche Artikel zur Geschichte des süddeutschen Kulturraumes verfasst.

Impressum

Sollte dieses Werk Links auf Webseiten Dritter enthalten, so machen wir uns die Inhalte nicht zu eigen und übernehmen für die Inhalte keine Haftung.

In diesem Buch wird aus Gründen der besseren Lesbarkeit das generische Maskulinum verwendet. Weibliche und anderweitige Geschlechteridentitäten werden dabei ausdrücklich mitgemeint, soweit es für die Aussage erforderlich ist.

1. Auflage 2023

Umschlaggestaltung: Björn Locke Curldesign, Nürtingen.

Layout und Satz: Silke Schüler, Portimão.
Lektorat: Matthias Kunstmann, Karlsruhe.

Printed in Poland by CGS Printing.

ISBN 978-3-8425-2415-6

Ihre Meinung ist wichtig für unsere Verlagsarbeit. Senden Sie uns Ihre Kritik und Anregungen unter **meinung@silberburg.de**

Besuchen Sie uns im Internet und entdecken Sie die Vielfalt unseres Verlagsprogramms: **www.silberburg.de**

Bildnachweis

Michael Weithmann: S. 9, 14, 15, 21, 26, 46, 51 oben, 58 unten, 60 oben, 65, 70 unten, 74, 77 oben, 81, 86, 88, 90, 93, 94, 98, 101, 105, 106, 109, 110, 113, 117.

Bayerische Staatsbibliothek: S. 82; Bodensee-Vorarlberg Tourismus Bregenz: S. 17 unten; British Library Harley Ms 4205: S. 10 unten; Codex Manesse Ed. 1988: S. 13; Fotocommunity, inni67k: S. 73; Die Grafen von Zimmern und die Kultur des schwäbischen Adels, Ausstellungskatalog, 2012: S. 22 unten; Kartothek zur Kulturgeschichte Vorarlbergs: S. 12, 18; Lirer-Chronik Ed. 1979: S. 10 links oben; Nostalgiestube Bregenz: S. 61; Staatliches Museum Feste Marienberg Würzburg: S. 45; Vorarlberger Landesmuseum: S. 10 rechts oben.

Wikimedia Commons: Andreas Praefcke: S. 32 unten; Asemaghbari, CC BY-SA 4.0: S. 37 oben; Catatine: S. 41 unten; Flodur, CC-BY-SA 4.0: S. 29 oben; Frank Vincentz, CC-BY-SA -3.0: S. 48 oben; Friedrich Böhringer, CC-BY-SA 3.0 AT: S. 22 oben, 25, 30 unten, 114; Gargolla, CC BY-SA 3.0: S. 70 oben; GFreihalter: S. 57; Holger Uwe Schmidt, CC BY-SA 4.0: S. 38; Jlaetus, CC-BY-SA 4.0: S. 81; Joachim Kohler, CC-BY-SA 4.0: S. 30 oben, 85 oben, 103; Josua Forbes: S. 17 oben; Manuel Heinemann: S. 58 oben; Michael Zeller: S. 54; Leitzsche, CC0: S. 29 unten; Louisana: S. 41 oben; Muck50: S. 54; Ramessos, CC-BY-SA 3.0: S. 50 unten, 66 unten; Reinhard Kirchner, CC-BY-SA 3.0: S. 5, 42 oben; Richard Mayer, CC-BY-SA 3.0: S. 34; Rufus: S. 38; Stefan Xp, CC-BY-SA 3.0: S. 42 unten, 69; Tobyc75, CC-BY-SA 3.0: S. 37 unten.

Coverfotos: Hauptbild: Die Meersburg, © Viacheslav Lopatin, Shutterstock; Einklinker von links nach rechts: Schloss Arenenberg, Wikimedia Commons, © LulaMae's, CC BY-SA 3.0; Weiherschloss Hagenwil, (c) Michael Weithmann; Schloss Montfort, Wikimedia Commons, © JoachimKohlerBremen, CC BY-SA 4.0; Hintergrundkarte: Plan Burg Hohentwiel, Mitte 17. Jhd, Original Stadtarchiv Singen, gemeinfrei; Freisteller: Rüstung im Museum Burg Meersburg, Wikimedia Commons, © Rufus46, CC BY-SA 3.0.